M

Helfried Weyer

Schlittenhunde

Helfried Weyer

SCHLITTENHUNDE

Fotoimpressionen aus Grönland

Mit Texten von
Roald Amundsen,
Arved Fuchs,
Jack London,
Fridtjof Nansen,
Robert E. Peary,
Knud Rasmussen und
Robert Falcon Scott

EULEN VERLAG

Helfried Weyer EINLEITUNG 5

Arved Fuchs SIKO 10
aus: Spuren im Eis © Pietsch Verlag, Stuttgart 1992

Jack London DAVES TOD IM WINTER 1897 12
aus: Der Ruf der Wildnis, Dt. Erstausgabe 1912

Roald Amundsen DIE EROBERUNG DES SÜDPOLS (Auszug) 13
aus: Die Eroberung des Südpols 1910–1912 © by Edition Erdmann in K. Thienemanns Verlag, Stuttgart–Wien 1993

Robert Falcon Scott DIE RETTUNG DER HUNDE 33
aus: Wettlauf zum Pol © Paul Zsolnay Verlag, Hamburg–Wien 1976

Fridtjof Nansen IN NACHT UND EIS (Auszug) 36
aus: In Nacht und Eis © F. A. Brockhaus, Wiesbaden 1962

Knud Rasmussen ERSTE BEGEGNUNG MIT POLARESKIMO 44
Knud Rasmussen DER ALTE BÄRENJÄGER 65
aus: Neue Menschen, E. P. Tal & Co. Verlag, Leipzig–Wien–Zürich 1920

Robert E. Peary DIE ENTDECKUNG DES NORDPOLS (Auszug) 67
aus: Die Entdeckung des Nordpols, Wilhelm Süsserott, Berlin 1910

Jack London DAS HUNGERGEHEUL 72
Jack London DER BUND MIT DEM MENSCHEN 77
aus: Jack London, Wolfsblut, Dt. Erstausgabe 1907

Sonderausgabe 2001
Alle Rechte vorbehalten · Printed in Slovenia
Umschlaggestaltung: Klaus Eschbach, Ettenheim

© 1995/2001 EULEN VERLAG Harald Gläser, Hebelstraße 11, Freiburg i. Br.

ISBN 3-89102-260-3

Einleitung

Wenn wir an der dünnbesiedelten grönländischen Küste Richtung Norden reisen, machen wir beim Überschreiten des Polarkreises eine interessante Entdeckung: Während wir im Süden (der Heimat Erik des Roten) lieblich grünes Weideland mit Schafen, Kühen und Pferden antrafen, empfangen uns nun (ab Sisimiut) wolfsähnlich heulende und fröhlich bellende Hundemeuten, die sowohl nach Anzahl als auch Lautstärke zunehmen, je weiter wir nach Norden kommen, bis dieses Erlebnis im Thule-Distrikt schließlich seinen Höhepunkt erreicht. (Im Süden gibt es Schlittenhunde nur in Ammassalik an der grönländischen Ostküste, etwa 100 Kilometer südlich des Polarkreises.)

Zunächst ist da nur ein einzelner Ruf in der eiskalten, klaren Polarnacht. Ein zweiter Hund fällt ein und dann ein dritter, vierter und fünfter. Schon bald heulen hundert und mehr Schlittenhunde um die Wette, übertönen den pfeifenden Wind und erreichen das Ohr eines jeden schlafenden Menschen. Plötzlich und wie auf ein geheimes Signal hin verstummt der schaurig schöne Chor abrupt, um sein nächtliches Konzert nach einigen Minuten absoluter Stille wieder anzustimmen. Es ist die Melodie der Wölfe, die Melodie der Arktis, die ewige Melodie der nordischen Schlittenhunde.

Die Schlittenhunde Grönlands sind keine Rassezüchtungen, wie man sie in unseren Breiten und inzwischen auch in Alaska kennt. Gezüchtete Schlittenhunde dienen dazu, sportliche Rennen zu fahren und zu gewinnen, so zum Beispiel das mit 1.100 Kilometern längste und härteste Schlittenhunderennen der Welt auf dem Iditarod-Trail von Anchorage nach Nome, das an die einzigartige Serumversorgung der von Diphtherie befallenenen Goldgräberstadt und Eskimosiedlung im Jahre 1925 erinnert. Mit solchen Rennen haben Grönlandhunde nichts zu tun. Wie alle Eskimohunde in Sibirien, auf den Aleuten, in Alaska, Nordkanada, Baffin-Land, Labrador und Grönland (das ist insgesamt ein Gebiet von 7.000 Kilometern Länge und 2.500 Kilometern Breite) dienen sie alleine den dort lebenden Jägern und Fängern bei der Verrichtung ihrer Arbeit und somit zum Überleben. Sie ziehen schwerbepackte Schlitten über tiefverschneite Pässe, über das unregelmäßig zugefrorene Polarmeer oder durch tückisches und gefährliches Packeis. Sie spüren die Atemlöcher der Robben im Eis auf, jagen Moschusochsen, Eisbären und Rentiere. Sie leben von rohem Fisch und Robbenfleisch, das diese Hunde auch tiefgefroren verschlingen können. Nachts rollen sich die Tiere eng zusammen, dabei werden Nase und Gesicht von der buschigen Rute bedeckt und lassen sich gerne einschneien. So können den Hunden auch 50° C Kälte nichts anhaben.

In Arktisbüchern und Reiseführern werden Besucher vor diesen wilden Schlittenhunden gewarnt. Angeblich sind sie immer angriffslustig und töten sogar hingefallene Kinder, weil sie diese für liegende Robben halten. Ich habe Schlittenhunde überall in Grönland, im Norden Kanadas und auch in Alaska (z. B. in Nome die Gespanne des Iditarod-Rennens) besucht und dabei immer meine eigenen positiven Erfahrungen gemacht. Alle Hunde – und ich habe Tausende von ihnen getroffen – bettelten unentwegt nach menschlichen Streicheleinheiten, legten sich vor mir rücklings in den Schnee oder leckten mir vor Begeisterung quer übers Gesicht. Nur ganz selten sind mir bösartig knurrende Hunde begegnet. Das waren Ausnahmen. Ich habe diese Hunde liebgewonnen und sehe in ehrlicher Trauer und Besorgnis, wie sie vor allem in der nordamerikanischen Arktis von Motorschlitten verdrängt werden.

Heute gibt es für alles und jedes Institutionen, die Regeln aufstellen und Werte festlegen. So hat auch die FCI (Fédération Cynologique Internationale) 1957 festgelegt, wie ein Schlittenhund „auszusehen" hat. So gibt es nach den international anerkannten Richtlinien den Siberian Husky, den kanadischen Schlittenhund, den Malamute, den Samojeden-Spitz und den Grönlandhund. In diesen Richtlinien heißt es: „Der Grönlandhund ist ein starker Polarhund, gebaut für ausdauernde harte Arbeit als Schlittenhund unter arktischen Bedingungen. Der Schädel ist breit und leicht gewölbt. Die Schnauze ist keilförmig und kräftig, das Gebiß ist außerordentlich kräftig. Dunkle Augen werden bevorzugt, aber die Tönung darf der Fellfarbe entsprechen. Der Augenausdruck ist frei und furchtlos. Die Ohren sind aufrechtstehend, relativ klein, dreieckig mit abgerundeter Spitze."

So geht es weiter mit Rumpf, Gliedmaßer, Rute, Fell, Farbe und Schulterhöhe, die beim Rüden mindestens 60 cm und für Hündinnen 55 cm betragen soll. Ich möchte der FCI nicht widersprechen, aber ich habe Hunde ganz verschiedener Größe und Farbe mit ebenso unterschiedlichen Merkmalen vorgefunden, und alle haben mir gefallen und alle sind echte Grönlandhunde, ob sie den FCI-Bestimmungen entsprechen oder nicht. Auch innerhalb Grönlands gibt es sichtbare Unterschiede zwischen den Hunden. So sind sie in der Thule-Region, dem grönländischen Hundeparadies, kurzbeiniger, kräftiger und widerstandsfähiger als im Süden.

Schlittenhunde sind keine Schmusehunde, sondern wilde Arbeitstiere, die den Menschen in einer unvorstellbar harten und oft grausamen, aber ebenso großartigen und faszinierenden Umgebung helfen zu überleben. Die Inuitkinder spielen mit den Welpen, sie schmusen mit ihnen und tragen sie herum wie bei uns kleine Mädchen ihre Puppen und Teddybären. Sobald der Hund aber größer ist, wird er zum hart arbeitenden Schlittenhund erzogen. Dann muß er Lasten ziehen und beim Fang und bei der Jagd helfen. Ich habe viele Schlittenführer kennengelernt, die immer gut zu ihren Hunden sind, aber selten mit ihnen toben oder spielen oder sie sogar liebkosen. Hunde, die im Gespann nicht hart mitarbeiten, werden in der Regel prompt bestraft. Jeder einzelne Hund zieht etwa 30 Kilogramm Gewicht. Das bedeutet, daß ein 300 Kilogramm schwerer Schlitten zehn Hunde benötigt, um in normalem Gelände mühelos gezogen werden zu können. Im Norden Grönlands, speziell in Thule, wird mit dem Fächergespann gefahren. Der Leithund (immer ein Rüde) läuft vorne in der Mitte, muß aber nicht anführen. Dafür nimmt man klugerweise eine Hündin, der die Rüden liebendgerne nachlaufen. Zu viele Hündinnen bringen nur Unruhe und Eifersucht in das Gespann, besonders wenn sie läufig sind. Zu beiden Seiten des Leithundes laufen die kräftigsten Hunde des Gespanns. Die schwächeren Tiere befinden sich außen. Diese Rangordnung wird streng eingehalten. Will ein schwacher Hund sich an einen falschen Platz einordnen, wird er von den stärkeren herausgebissen und zurück an seinen Stammplatz gedrängt. Dort, und nur dort wird er akzeptiert.

Ein Hundegespann ist keine Maschine und kann nicht wie ein Auto abgebremst werden. Der Schlittenführer dirigiert sein Gespann vor allem mit Kommandos, die seine Hunde kennen und bedingungslos befolgen. Huguaq heißt „vorwärts, und zwar schnell". Atsuk heißt „nach rechts" und harqu bedeutet „nach links". Ai, ai befiehlt den Hunden „stop". Diese Kommandos sind im Thule-Distrikt gebräuchlich. Unterstützt werden sie mittels der bis zu acht Meter langen Hundepeitsche, mit der die Hunde weniger geschlagen als vielmehr gelenkt werden.

Beim fröhlichen Dahinsausen durch die weiße Wildnis (in Thule fährt man fast ausschließlich auf dem Meereis) kommt es naturgemäß immer wieder vor, daß ein Hund während der Fahrt koten muß. Das ist für ihn sehr schwierig, denn das Gespann läuft dabei in unvermindertem Tempo weiter, und wenn der Hund mit seinem notwendigen Geschäft nicht blitzschnell fertig wird, fährt der schwere Schlitten den hockenden Hund über. Oft läuft der Hund nach der ersten Schlittenberührung weiter und unternimmt noch einen Versuch. Ich habe aber auch erlebt, daß ein Hund geradewegs unter den Schlitten geriet und die rohen Holzbretter seinen Rücken zerstachen. Blut klebte am Schlitten und Splitter steckten im sich furchtsam sträubenden Fell. Der verängstigt heulende Hund wurde vom Schlittenführer ohne viele Worte aus dem Gespann geschnitten und nach Hause geschickt. Ein anderer Hund, der einfach faul war und trotz knallender Peitschenhiebe nicht ziehen wollte, wurde ebenfalls aus dem Gespann geschnitten und im Eis angepflockt. Bei minus 30 Grad und ohne Futter blieb er an Ort und Stelle zurück, bis wir nach 48 Stunden wieder vorbeikamen und ihn mitnahmen. Wird ein Hund grundsätzlich zu faul oder zu alt für die Arbeit im Gespann, dann wird er vor den anderen Hunden erbarmungslos erhängt. Eine Kugel ist zu teuer und zu kostbar, um damit einen Hund zu töten. Ich habe dieses harte Ritual Ostern 1994 in Thule selbst ansehen müssen. Tote Hunde werden nicht begraben, was bei Dauerfrost auch kaum möglich wäre, sondern auf dem Eis liegengelassen, bis der Schnee den Kadaver bedeckt. Kein schöner Anblick, aber in der rauhen Realität der Arktis ein ganz normales Bild. Erst wenn das Eis schmilzt, im Juli oder August, wird das kalte Land grundgereinigt. Dennoch: Alle Schlittenführer lieben ihre Hunde, auch wenn sie es nach außen kaum zeigen. Sie sind stolz auf ihr Gespann, und kein Inuit wird einen guten Leithund verkaufen, gleich, welchen Preis man ihm bietet. Ein guter Schlittenführer hat Respekt vor seinem Leithund und der Hund vor seinem Herrn. Beißereien im Gespann müssen geduldet werden, denn nur so entsteht die natürliche Rangfolge, nicht etwa durch menschliche Befehle und Kommandos.

Ich selbst habe nie einen Hundeschlitten geführt, und ich wäre auch kein guter Musher. Ich könnte nicht hart genug mit den Tieren umgehen. Vermutlich würde ich zuviele Streicheleinheiten verteilen und hätte bald schon das totale Chaos im Gespann. Das einzige, kleine Hotel von Ammassalik, an der Ostküste Grönlands, liegt hoch über der bunten Stadt, und vor dem Eingang steht ein etwa drei Meter hoher Felsen. Auf ihm war ein prächtiger Schlittenhund angekettet, dem ich nach meinem guten Hotelfrühstück regelmäßig ein Stück Wurst brachte. Ich wohnte dort eine Woche lang und konnte weder kommen noch gehen, ohne mit meinem neuen Freund kurz zu toben und zu sprechen. Vergaß ich es einmal, dann bellte „mein Hund" mir lange hinterher und schien seine Hundewelt nicht mehr zu verstehen. Kam ich müde den steilen Berg hinauf, dann sah er mich schon lange, bevor ich ihn erkannte, und dann begann ein wahres Freudengeheul. Nie könnte ich einen solchen Hund im Gespann schlagen oder ihn wirklich hart bestrafen. Deshalb werde ich auch nicht Schlittenführer, sondern überlasse diese Arbeit meinen erfahrenen Eskimofreunden und bleibe Fotograf.

Die schönsten und dramatischsten Hundegeschichten kennen wir von Jack London aus der nordamerikanischen Goldrauschzeit. Er erzählt eindringlich und überzeugend, daß Schlittenhunde vom Wolf abstammen. *Wolfsblut* und *Der Ruf der Wildnis* gehören zu seinen besten Hundegeschichten. Schlittenhunde haben die größten und abenteuerlichsten Expeditionen dieses Jahrhunderts erst ermöglicht. Fridtjof Nansen benutzte sie bei seiner einzigartigen Driftexpedition mit der Fram zum Nordpol (*In Nacht und Eis*), und Roald Amundsen erreichte mit Hilfe seiner treuen Schlittenhunde als erster Mensch den Südpol. Robert Falcon Scott scheiterte dort, weil er sich auf Pferde- und Motorkraft verließ. Fridtjof Nansen und auch Roald Amundsen hatten Scott vor diesem Irrtum gewarnt und ihm eindringlich zu Schlittenhunden geraten.

Knud Rasmussen, halb Däne und halb Grönländer, war es schließlich, der die Polareskimo in Thule als einer der ersten Weißen suchte und fand und zum sicherlich größten Schlittenführer der Arktis wurde. Er befuhr als erster Mensch in vier Jahren die gesamte Nordwestpassage von Grönland bis Alaska (*Die lange Schlittenreise*) und besuchte alle Eskimostämme an dieser historischen Route. Mein Freund Arved Fuchs gehört zu den führenden Abenteurern unserer Tage und zu den wenigen Weißen, die ein grönländisches Hundegespann beherrschen und dirigieren können. Sie alle haben mit ihren Hundegeschichten Weltliteratur geschrieben, und deshalb sollen ihre spannenden und historisch so wichtigen Berichte meine Bilder ergänzen und die Hunde ehren.

Auch in der Antarktis waren Hunde den Expeditionen und Wissenschaftlern immer nur gute Freunde und zuverlässige Helfer. Der englische Polarexperte David Fletcher – ich traf ihn im Sommer 1994 in der Nordwestpassage – hat mir begeistert erzählt, wie er mit seinem Hundeteam in der Antarktis Tausende von Meilen in schwerstem Gelände zurückgelegt hat und sich bei wissenschaftlichen Reisen alleine auf seine Hunde verlassen hat. Vor wenigen Jahren haben mich in der argentinischen Forschungsstation Esperanza (Antarktis) noch viele Schlittenhunde lebhaft begrüßt, und die dort lebenden Wissenschaftler hatten ihre helle Freude und eine willkommene Abwechslung an den Tieren. Damit ist es heute vorbei, aufgrund übergeordneter Vorschriften, die kein Hundefreund versteht

In der Antarktis sind Schlittenhunde nämlich seit 1994 völlig verboten. Zur Begründung dieser Entscheidung der internationalen Antarktiskonferenz heißt es, Schlittenhunde verbrauchten zuviel Futter in Form von Robbenfleisch und Fisch. Robben und Fische will man schützen, das ist lobenswert, aber könnte man statt Benzin und Dieselöl für Motorschlitten nicht auch künstlich hergestelltes Futter für Schlittenhunde mitnehmen? Ich werde den Eindruck nicht los, daß bei solchen Beschlüssen handfeste amerikanische Geschäftsinteressen mit im Spiel sind. In den Jahren 1989 und 1990 haben der Franzose Jean-Louis Etienne und der Amerikaner Will Steger die Antarktis in sieben Monaten auf einer 6.300 Kilometer langen Expedition mit 40 Hunden und drei Schlitten durchquert (Transantarctica), wobei sie ihre Tiere ausschließlich mit speziellen Blöcken fütterten: dem Endurance-Food-Block mit zehn Zentimetern Kantenlänge und 6000 Kalorien pro Stück. Diese 900 Gramm schweren Blöcke bestanden aus Fleisch, Fett, Mineralstoffen und Vitaminen und sind den Hunden bestens bekommen.

Arved Fuchs hat bei seiner Grönlanddurchquerung 1983 auf den Spuren Alfred Wegeners (*Spuren im Eis*) seinen Hunden täglich 600 Gramm Hundepemmikan der deutschen Firma J. Metzmacher aus Heinsberg verfüttert und damit ebenfalls gute Erfahrungen gemacht. Normalerweise braucht ein Schlittenhund pro Tag mindestens 1000 Gramm Fisch oder Robbenfleisch.

Im Frühjahr 1993 besuchte ich zum ersten Mal Siorapaluk in Grönland, die nördlichste menschliche Siedlung der Welt. Damals gab es dort nur Hunde als Transportmittel. Ein Jahr später war ich wieder dort oben und begegnete den ersten drei Motorschlitten – „Made in Japan".

Noch ist es im Thule-Distrikt so üblich, daß ein jung verliebter Inuit seinem auserwählten Mädchen stolz sein Hundegespann zeigt, um ihr zu imponieren, bevor er um ihre Hand anhält. Irgendwann wird dieser schöne Brauch vergessen sein, und dann wird auch in Grönland der stolze Freier mit einem lauten, nach Diesel stinkenden Snowmobil vor das Haus seiner Liebsten fahren.

Meine Hundebilder, die ich ausschließlich im Norden Grönlands fotografiert habe, sollen allen Schlittenhunden ein bleibendes Denkmal setzen und vor allem ihre Wildheit und Schönheit zeigen. Nie werde ich ein solches Buch über Motorschlitten der Öffentlichkeit vorlegen.

Während der Arbeiten zu diesem Buch fragte mich mein Lektor: „Warum fotografieren Sie Schlittenhunde und wie macht man das?"

Ich war auf diese Frage gar nicht vorbereitet und mußte erst nach einer gültigen Antwort suchen. Schlittenhunde sind ganz anders als ihr Ruf – und bei Wölfen ist das ähnlich! Haben wir nicht alle schon vom „bösen Wolf" gehört? Und sind wir ihm wirklich begegnet? Wild lebende Wölfe sind weder blutrünstig noch aggressiv, sondern eher scheu und friedlich. Und sie sind die Väter und Großväter unserer heutigen Schlittenhunde. Wer einen Wachhund sucht, ist mit einem Schlittenhund falsch beraten. Kommt tatsächlich ein Dieb oder Einbrecher, dann wird der Schlittenhund eher freundlich mit dem Schwanz wedeln, anstatt böse zu bellen oder gar zu beißen. Schlittenhunde bellen überhaupt sehr wenig. Sie heulen. Am liebsten und lautesten, wenn Kirchenglocken anfangen zu läuten.

Auf Grönland heißen Schlittenhunde jeden Fremden herzlich willkommen und lecken ihm am liebsten zur Begrüßung quer über das verdutzte Gesicht. All diese Eigenschaften machen die Vierbeiner nur sympathisch – aber irgendwann wird es sie nicht mehr geben, weil es keine Jäger mehr geben wird, die auf Schlittenhunde angewiesen sind. Das alleine ist schon Grund genug, sie zu fotografieren und sie so der Nachwelt zumindest auf Bildern zu erhalten. Ihr schönes Aussehen, das glänzende Fell, der stets erwartungsvolle Blick sind weitere Attribute, die den Fotografen und Hundefreund reizen.

Wie ich sie fotografiere? Auf verschiedene Arten. Ich dokumentiere, das heißt, ich fotografiere ihren Alltag vor dem Schlitten, während der Ruhepause, beim Schlafen im Schnee oder bei der Fütterung durch den Gespannführer. Oder ich „benutze" sie wie ein Fotomodell – und Schlittenhunde spielen da mit wie Profimodelle. Ich lege mich vor den Hund in den Schnee, so daß sein Kopf über mir vor dem blauen Himmel erscheint. Ich spreche mit dem Hund und er hört aufmerksam zu, schaut neugierig in mein Objektiv. Möchte ich die Lage seines Kopfes und seine Blickrichtung ändern, so rede ich weiter und zeige in die entsprechende Richtung. Der Hund dreht dann neugierig seinen Kopf und späht zur Seite, genau wie angegeben. Beim Fotografieren ist meine Frau Renate meine beste Assistentin. Während ich den Hund im Sucher meiner Kamera beobachte, dirigiert sie mit ihrer Hand seine Blickrichtung. Mit einem menschlichen Modell läßt sich nicht leichter arbeiten. Ein kleiner Aufhellblitz an meiner Rolleiflex läßt die oft im Schatten liegenden Hundeaugen besonders funkeln. Welpen sind besonders neugierig und werden nach einigen Schnappschüssen zunächst zur Mutter zurücklaufen, dann aber immer wieder vor die Kamera kommen, weil sie das Geschehen und das Fremde einfach zu sehr interessiert.

Alle Aufnahmen dieses Buches entstanden mit der Rolleiflex 6 × 6 Mittelformatkamera auf Kodak Ektachrome EPR 64 Film. Eine bessere Kamera und einen besseren Film für meine Arbeiten unterwegs gibt es nicht. Und nichts ist leichter, als Schlittenhunde zu fotografieren, denn sie laufen nicht weg, sie sind im Schnee meistens besonders sauber und „staubfrei", und das Licht ist nirgendwo anders schöner und intensiver als in der Arktis.

Zu meinen ganz großen persönlichen Arktiserlebnissen gehören die dortigen Abende. Wenn die Sonne tief steht und das Eis in glutrote Farben taucht, kommen die

Gespanne heim. Die Kinder laufen dem Vater freudig entgegen und fragen nach dem Fang des Tages. Hunde und Hundeführer sind erleichtert, die Arbeit ist getan, aber bevor der Schlittenführer in sein warmes Haus zur Familie geht, werden die Hunde versorgt. Hart gefrorenes Robbenfleisch wird mit einem Beil in gerechte Stücke geschlagen. Die Hunde sitzen hungrig und doch diszipliniert im Halbkreis, heulen, zittern vor Aufregung und warten, bis der erste Brocken geflogen kommt. Nie wird ein Schlittenführer den Hunden ein Stück Fleisch hinhalten, denn in seiner unbändigen Gier würde der Hund vermutlich einen Finger mitschnappen. Auch die Fütterung erfolgt gemäß der Rangordnung, und die kennen die Hunde sehr genau. Der Leithund kann als erster dran sein und alle anderen Hunde akzeptieren dies, oder er wartet geduldig und überlegen bis zum Schluß, weil er weiß, daß er jetzt ein besonders großes Stück und ein paar gute Worte von seinem Herrn bekommt. Während der Fütterung ist im Rudel der Teufel los: Da wird gebellt und geheult, und andere Rudel des Wohnplatzes fallen mit ein. Schließlich ist das ganze Rudel gerecht bedient. Die Hunde werden ruhig, die Kälte der Polarnacht schleicht um Häuser, Zelte und Felsen. Das Eis glänzt und unser Atem bleibt in der Luft stehen. Die Hunde machen sich bereit zur Nachtruhe, und der Schlittenführer geht zu Frau und Kindern an den warmen Ofen.

Zu meinen Freunden unter den Polareskimo gehört Ajako aus Quaanaaq, mit dem ich die schönsten Schlittenreisen im Thule-Distrikt erlebt habe. Bei klirrender Kälte sind wir durch den Eispalast hohe Arktis gefahren, und wenn ich kalte Füße bekam, lachte Ajako nur. Bei minus 30 Grad konnte er sich während der Schlittenfahrt genüßlich seine Pfeife stopfen und blaue Wölkchen in den klaren Himmel pusten. Wenn ich ai, ai rief, um zu fotografieren, stoppte Ajako unser Gespann und lachte wieder. Eigentlich lachte Ajako immer, auch als ich ihm eine übervolle grönländische Toilette zeigte und um seine Hilfe bat. Lachend nahm er seine Harpune und rammte sie in den tiefgefrorenen vollen Eimer, bis der unschöne Inhalt in Stücke brach und neuer Platz geschaffen war. Immer noch lachend gab Ajako mir den Eimer zurück und erzählte, daß er in den sechziger Jahren mit einer italienischen Expedition zum Nordpol gefahren sei: „Das war wirklich kalt, aber sehr lustig!"

So sind sie, die Polareskimo, die letzten Könige von Thule und die letzten wirklichen Jäger und Fänger, die ohne ihre Hunde nicht überleben könnten. Ich träume schon heute von meiner nächsten Schlittenfahrt mit Ajako und denke an das alte Lied, das der alte Inuit auf seinem Schlitten singt:

Nur der Lüfte Geister ahnen,
Was mich hinterm Berg erwartet.
Dennoch treib' ich meine Hunde weiter,
Immer weiter,
Immer weiter.

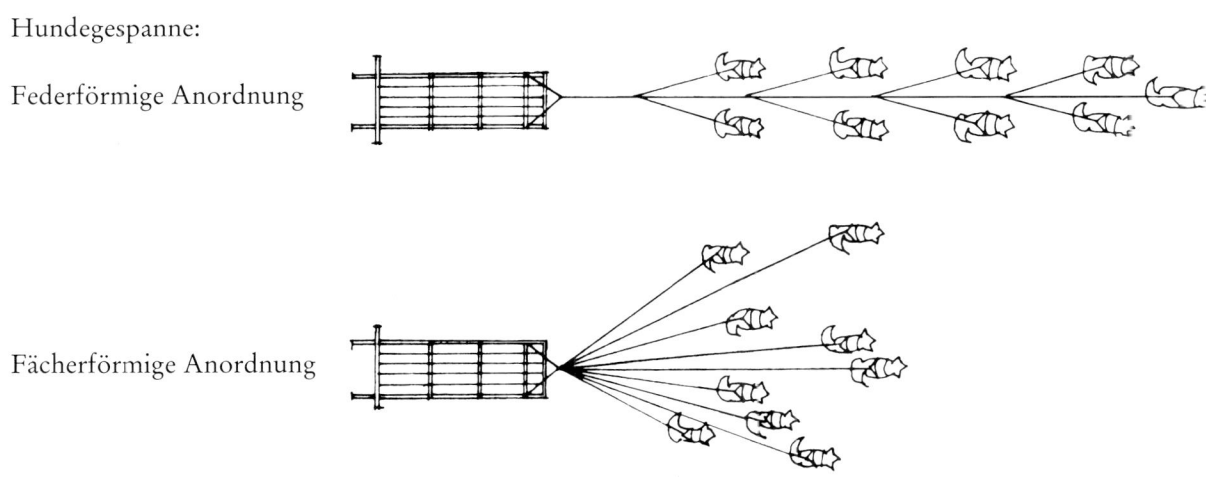

Hundegespanne:

Federförmige Anordnung

Fächerförmige Anordnung

Arved Fuchs

Siko

Heute ist der 25. Tag unserer Durchquerung – 25 Tage nichts als Schnee, Wind und Einsamkeit. Dem ursprünglichen Zeitplan nach, der allerdings für drei Schlitten gegolten hatte, sollten wir jetzt schon bald an der Ostküste sein. Wir sind noch nicht einmal halb durch! 293 Kilometer haben wir seit Scheideck zurückgelegt, bis „Eismitte" sind es folglich noch über 100 Kilometer.

Zwischendurch versuchen wir uns vorzustellen, wie es jetzt zu Hause aussieht. Doch inmitten einer unendlich erscheinenden Schneewüste fällt es schwer, sich das Bild eines blühenden Gartens oder eines grünen Waldes vor Augen zu führen.

Längst hat unser Zeitgefühl aufgehört zu funktionieren. Es ist unwichtig, wie lange wir schon unterwegs sind, was zählt ist das, was vor uns liegt. Scheideck ist für uns Vergangenheit, liegt scheinbar Tausende von Kilometern zurück. Eismitte ist unser nächstes Ziel, danach die Ostküste. Jeder Gedanke dreht sich um die Zukunft und um das momentane Geschehen. Ist man tagsüber noch verzweifelt über die Trägheit der Hunde, über das Wetter oder über die schweren Schlitten – bereits einige Minuten im Zelt läßt die Erinnerung, den Frust vergessen. Ich wundere mich manchesmal selbst, woher wir eigentlich die Energie nehmen, uns jeden Tag aufs neue den sich immer wiederholenden Strapazen zu stellen.

Die Hoffnung, Tagesleistungen von 30 Kilometern und mehr zu erreichen, haben wir aufgegeben. Während der letzten Tage sind wir durchschnittlich nur noch 19 Kilometer pro Tag vorangekommen, dabei hatten wir zeitweise schon über 25 Kilometer geschafft. Auch die Hunde zeigen Zeichen der Ermüdung. Vermutlich macht uns allen auch die dünnere Luft in 2600 Metern Höhe zu schaffen.

Aus der Monotonie der sich täglich wiederholenden Routine werden wir plötzlich durch ein Ereignis aufgerüttelt, das unsere Gedanken in andere Bahnen lenkt, uns aber auch neue Energie bringt.

Nach einer zweistündigen Etappe habe ich mein Gespann angehalten, um auf Rainer zu warten. Eigenartigerweise legen sich die Hunde nicht sofort in den Schnee, um zu schlafen, sondern sammeln sich aufgeregt bei einer recht unscheinbaren Hündin, die in der Hierarchie keinerlei Rolle spielt. Sie krümmt sich ein wenig, woraufhin sich die gesamte Meute auf sie stürzt. Als ich das Rudel mit der Peitsche auseinandertreibe, sehe ich entsetzt, daß die Hündin geworfen hatte und der Wurf sofort von den anderen Hunden verschlungen worden ist. Der Hündin war bis jetzt nichts anzusehen gewesen. Anstandslos hatte sie den Schlitten gezogen und macht auch jetzt keinen erschöpften Eindruck. Schnell nehme ich sie aus dem Gespann und binde sie außerhalb der Reichweite der Meute hinten am Schlitten fest.

An diesem Tag fahren wir nicht mehr weit. Während wir im Zelt unsere Suppe kochen, liegt Sunny vor dem Eingang, fern von den übrigen Hunden. Als wir plötzlich ein kurzes Jaulen hören, können wir nicht schnell genug den Kopf aus dem Zelt hängen. Behutsam leckt Sunny ein weiteres Junges trocken, wobei sie es sorgfältig vor dem kalten Wind schützt. Apropos Kälte, die Hündin hat bei –31° Celsius geworfen! Rainer und ich sind begeistert. Alle Müdigkeit ist vergessen. In den nächsten Tagen werden wir erfahren, daß wir uns in dieser Eiswüste zu perfekten Babysittern entwickeln, wider alle Vernunft Kraft und Zeit vergeuden, aber unendlich viel Spaß haben.

An diesem Abend ziehen wir noch einmal Daunenhosen und Jacken an und bauen für Sunny und ihr Baby das Reservezelt auf. Die Hündin ist uns gegenüber voller Vertrauen und läßt sich ohne weiteres ihr Junges fortnehmen. Das Zelt akzeptiert sie ohne Zögern und versteckt den Welpen sofort zwischen ihren wärmenden und schützenden Schenkeln. In dieser Nacht wirft sie noch einmal.

Am nächsten Morgen suchen wir für ‚Mutter und Kinder' nach einer geeigneten Transportmöglichkeit. Schließlich bringen wir sie in einer leeren Transporttonne unter, die auch Sunny zu begeistern scheint. Sie kriecht sofort hinein und bewacht mit strengem Blick die kleine Eingangsöffnung. Nur wir dürfen heran und können sogar die Jungen anfassen. Nähert sich aber einer der anderen Hunde, wird die sonst so sanfte Sunny zu einem bissigen Wolfshund, der sogar den viel stärkeren Rüden Respekt einjagt.

Trotz aller Fürsorge stirbt nach wenigen Tagen eines der Jungen. Wir achten jetzt noch stärker darauf, den letzten Welpen vor Wind und Kälte zu schützen. Wir leisten uns einen unglaublichen Luxus, indem wir einen guten Hund aus dem Gespann herausnehmen und ihn sogar noch auf dem Schlitten spazierenfahren, aber jedesmal, wenn wir einen Blick in die Tonne werfen, freuen wir uns wie kleine Kinder.

Nachdem wir festgestellt haben, daß es sich bei dem Welpen um eine Hündin handelt, geben wir ihr den Namen ‚Siko‘, was auf grönländisch ‚Eis‘ bedeutet. Da sie fast auf der Mitte des Inlandeises geboren wurde, erscheint uns dieser Name vollkommen angemessen.

Abends holten wir Siko meist für eine halbe Stunde in unser Zelt, obwohl das eigentlich in krassem Widerspruch zu unserer Einstellung bezüglich der Behandlung der Hunde steht. Durch den Spaß werden die Härten des arktischen Alltags erträglicher. Wir sind fester denn je entschlossen, unser Ziel zu erreichen – denn Siko muß zur Ostküste!

Jack London

DAVES TOD IM WINTER 1897

Die Fahrt mit dem Postschlitten war hart, und die schwere Arbeit zehrte an den Kräften des Gespanns. Sie hatten an Gewicht verloren und waren in elender Verfassung, als sie in Dawson eintrafen. Eine Rast von mindestens einer Woche hätten sie dringend nötig gehabt, aber schon zwei Tage später mußten sie, mit Briefen und Paketen beladen, den Rückweg antreten. Die Hunde waren müde, die Musher auch. Noch dazu schneite es jeden Tag. Die Bahn war weich und das Ziehen harte Arbeit für die Hunde. Die Leute sorgten, so gut sie konnten, für die Tiere.

Jeden Abend wurden zuerst die Hunde betreut. Sie bekamen ihre Mahlzeit zuerst, dann aßen die Männer, und keiner von ihnen ging schlafen, ehe er nicht die Pfoten seiner Hunde untersucht hatte. Trotzdem nahmen deren Kräfte ständig ab. Seit Beginn des Winters hatten sie achtzehnhundert Meilen zurückgelegt und ihren schweren Schlitten gezogen; achtzehnhundert Meilen mußten auch dem Zähesten in die Beine gehen. Buck hielt durch, feuerte seine Gefährten zur Arbeit an und sorgte für Ordnung, obwohl auch er erschöpft war. Billie klagte und winselte jede Nacht. Joe war verdrießlicher denn je, und Solleks durfte man sich überhaupt nicht nähern, weder auf seiner blinden noch auf seiner anderen Seite. Von allen aber litt Dave am meisten. Etwas war bei ihm nicht in Ordnung. Er wurde immer mürrischer und gereizter und machte sich, wenn das Lager aufgeschlagen wurde, sofort eine Schlafkuhle im Schnee, wo ihn sein Lenker füttern mußte. Sobald er ausgeschirrt war und am Boden lag, stand er nicht wieder auf bis morgens, wenn er zum Schlitten mußte. Manchmal heulte er vor Schmerz auf, mitten auf der Straße, wenn das Gespann ruckartig zum Stillstand kam oder von neuem losfuhr und die Stränge sich straffzogen. Die Musher untersuchten ihn, konnten aber nichts finden. Alle Männer interessierten sich für seinen Fall. Sie sprachen von Dave zur Essenszeit und wenn sie ihre Pfeifen vor dem Schlafengehen rauchten. Eines abends holten sie ihn aus seiner Schneekuhle und brachten ihn ans Feuer. Sie tasteten seinen Körper ab, und obwohl er immer wieder kläglich aufheulte, fanden sie nichts, keinen gebrochenen Knochen, keine innere Verletzung. Aber irgend etwas stimmte nicht mit Dave.

Als man die Cassiar Bay erreichte, war er so schwach, daß er immer wieder in den Strängen zusammenbrach. Das schottische Halbblut ließ halten, nahm ihn aus dem Gespann heraus, und an seine Stelle trat Solleks. Dave sollte sich ausruhen und frei hinter dem Schlitten herlaufen. Aber so elend ihm auch war, Dave wollte sich nicht ausspannen lassen, er knurrte und grollte, als die Stränge gelöst wurden, und winselte herzzerreißend, als er Solleks auf seinem Platz sah, auf dem er so lange treu gedient hatte. Selbst als Todkranker konnte er es nicht ertragen, daß ein anderer seine Dienste verrichten sollte.

Als der Schlitten anlief, stolperte er im weichen Schnee neben Solleks her, schnappte nach ihm und versuchte, ihn aus der Spur zu stoßen, um selbst wieder an seine Stelle zu springen. Er jaulte kläglich. Das Halbblut wollte ihn zuerst mit der Peitsche wegtreiben, aber Dave kümmerte sich nicht darum, und sein Herr brachte es nicht übers Herz, ihn zu schlagen. Eine Zeitlang schleppte sich Dave noch weiter, dann stolperte er, blieb liegen und heulte jämmerlich, als der lange Schlittenzug an ihm vorüberglitt.

Noch einmal raffte er sich auf und mühte sich hinter den Gespannen ab, bis sie anhielten. Er taumelte zu seinem Schlitten und blieb neben Solleks stehen. Nur einen Augenblick ließ der Musher den Hund aus den Augen, als er sich bei seinem Hintermann Feuer für die Pfeife holte. Als er zurückkam und die Hunde antrieb, begannen sie zu ziehen, blieben aber sofort wieder verblüfft stehen, und verblüfft war auch der Treiber. Der Schlitten hatte sich nicht vom Fleck gerührt. Das Halbblut rief seine Kameraden herbei: Dave hatte beide Stränge durchgebissen und stand nun vor dem Schlitten an seinem richtigen Platz.

Er bettelte mit seinen Augen, und das Halbblut starrte ratlos auf ihn. Seine Kameraden erzählten, daß einem Hund das Herz brechen konnte, wenn man ihn von seiner gewohnten Arbeit nahm, und sie erzählten von Hunden, zu alt für die Schinderei oder verletzt, die eingegangen waren, als man sie vom Gespann ausgeschlossen hatte. Und da Dave todkrank war und da ihn nichts mehr retten konnte, wäre es barmherziger, ihn zufrieden und glücklich mitten in seiner harten Arbeit sterben zu lassen. Dave wurde wieder angeschirrt, und stolz trabte er wie früher dem Schlitten voraus, obwohl er immer wieder qualvoll aufheulte, wenn der Schmerz in seinem Körper allzu wütend biß. Er stolperte immer wieder, und einmal gingen die Schlittenkufen über seine Hinterbeine hinweg, und er konnte nur mehr hinkend weiterziehen. Aber er hielt aus, bis das Lager erreicht war und sein Herr ihm am Feuer einen Platz zurechtmachte.

Der Morgen fand ihn zu schwach, um aufzustehen. Um die Anschirrzeit versuchte er, zu seinem Musher zu kriechen. Mit unsäglicher Mühe kam er auf die Füße, taumelte und fiel wieder hin. Sein ganzes Sinnen ging dorthin, wo seine Kameraden waren. Er schob die Vorderbeine voraus und schleppte den Körper ruckartig nach, bis ihn die Kräfte endgültig verließen. Er blieb, nach Atem ringend, im Schnee liegen, seinen versagenden Blick sehnsüchtig auf das davonfahrende Gespann gerichtet. Das war das Letzte, was seine Gefährten von ihm sahen, als sie ihn hinter einem Hügel aus den Augen verloren.

Roald Amundsen

Die Eroberung des Südpols

1910–1912

Am 22. August standen alle Schlitten fertig gepackt da und warteten nur noch aufs Fortfahren. Den Hunden schien das kalte Wetter, das wir nun so andauernd gehabt hatten, nicht zu gefallen. Wenn die Temperatur bis auf −50° C hinunterging, sah man ihren Bewegungen an, daß ihnen die Kälte weh tat. Sie hoben die Pfoten abwechselnd auf und hielten sie eine Weile in der Höhe, ehe sie sie wieder auf den kalten Boden stellten.

Wir verloren im Lauf des Winters nicht viele Hunde. Zwei, Jeppe und Jakob, starben an irgendeiner Krankheit. Bursch wurde erschossen, da er am halben Leibe räudig war. Madeiro, so genannt nach seinem Geburtsorte, verschwand gleich im Herbst. Tom verloren wir später. Die beiden sind ohne Zweifel in eine Spalte gefallen. Wir hatten zweimal gute Gelegenheit, zu sehen, wie das zugeht. Beide Male sahen wir den Hund in der Spalte verschwinden und konnten ihn dann von oben aus ganz gut beobachten. Er wanderte da drunten ganz ruhig hin und her, ohne einen Laut von sich zu geben. In diesen Fällen waren die Spalten nicht tief, aber sehr steil, so daß der Hund nicht ohne Hilfe herauskommen konnte. Die beiden oben genannten Hunde hatten ohne Zweifel auf dieselbe Weise ihren Tod gefunden – leider einen langsamen Tod, wenn man bedenkt, welch ein zähes Leben so ein Hund hat. Einige Male geschah es, daß ein Hund plötzlich verschwand, mehrere Tage wegblieb und dann plötzlich wieder erschien. Vielleicht war er in eine Spalte gefallen, und es war ihm doch schließlich gelungen, wieder herauszukommen. Sonderbarerweise kümmerten sich die Hunde wenig um Wind und Wetter, wenn sie sich auf solche Ausflüge begaben. Wenn sie der Hafer stach, verschwanden sie auch an einem Tag, wo die Temperatur auf −50° C herabgesunken war.

Der 23. August brach an, etwas umwölkt, mit −42° C. Ein besseres Wetter, um unsere Schlitten herauszuschaffen und nach dem Abgangsplatz zu führen, hätte man sich nicht wünschen können. Die Schlitten mußten durch die nach oben führende Tür der Intendantur ins Freie geschafft werden; diese war die größere von den beiden, da konnte man die jetzt vollbepackten Schlitten leichter hindurchbringen. Doch zuerst mußten wir den Schnee wegschaffen, der sich in der letzten Zeit ungehindert da hatte ansammeln dürfen, weil die Intendanturleute immer den inneren Gang benutzt hatten. Der Schnee hatte sich derart angehäuft, daß von einem Zugang keine Spur mehr zu sehen war, aber mit ein paar festen Schaufeln und ein paar handfesten Männern zum Anpacken war der Eingang bald wieder frei. Mehr Zeit nahm das Herausschaffen der Schlitten in Anspruch. Jeder wog 400 Kilo, und der Weg zur Oberfläche hinauf war steil. Eine Art Winde wurde hergestellt und mit Hilfe von Ziehen und Schieben wurde einer nach dem andern ans Tageslicht befördert und bis auf den Platz vor dem Instrumentenhäuschen hingezogen, von wo wir freien Weg zur Abfahrt hatten. Die Hunde waren ganz keck und ausgelassen und mußten ordentlich Platz haben. Keine Kiste und kein Ballen – von Pfosten oder gar dem Instrumentenhäuschen gar nicht zu reden – um die sie nicht hätten herumlaufen müssen. Um den Widerspruch des Schlittenlenkers hätten sie sich den Kuckuck gekümmert.

An diesem Morgen waren die Hunde nicht losgelassen worden, und jeder Mann war nun in seinem Zelt, um sie einzuschirren. Indessen betrachtete ich mir die gepackten Schlitten, die für die weite Reise zur Abfahrt bereit standen. Und ich versuchte ein bißchen poetisch zu werden – „der nie ruhende Menschengeist" ... „die mystische grauenvolle Eiswüste!" – Nein, es ging nicht; es war wohl noch zu früh am Morgen! Ich gab den Versuch auf, nachdem ich zu der Überzeugung gekommen war, daß jeder Schlitten unter der Last seiner schwarz angestrichenen Kisten mehr einem Sarg glich als irgend etwas anderem.

Es war genau so, wie wir es uns gedacht hatten, die Hunde waren fast nicht zu bändigen. War das ein Leben und ein Spektakel, bis sie endlich eingespannt waren! Sie konnten keinen Augenblick stillstehen. Entweder mußte einem Freund guten Morgen gesagt werden, oder man mußte sich rasch mit einem Feind etwas balgen, oder irgend sonst was sehen und besorgen. Mit den Beinen ausschlagen, daß der Schnee hoch aufstob, oder einander herausfordernd ansehen, war sehr oft die Einleitung zu einem Kampfgemenge. Bemerkten wir das noch zur rechten Zeit, dann konnten wir durch ein hurtiges, bestimmtes Eingreifen die beabsichtigten Kämpfe noch verhindern; aber wir konnten ja unsere Augen nicht überall zugleich haben, und die Folge davon war eine Reihe wilder Kämpfe. Sonderbare Tiere! Nun hatten sie verhältnismäßig ruhig hier in ihrem kleinen Reich gelebt, aber sobald sie eingeschirrt waren, wollten sie auf Leben und Tod miteinander kämpfen. Endlich war alles fertig, und nun ging's los. Diesmal fuhren wir zum erstenmal mit einem Gespann von 12 Hunden, und wir waren natürlich äußerst begierig, wie der Versuch ausfallen würde.

Es ging über Erwarten gut – wenn auch nicht wie geschmiert, aber das konnte man ja beim ersten Mal auch nicht verlangen. Einige Tiere waren im Lauf des Winters zu dick geworden und konnten nur schwer mitkommen; für diese war der erste Ausflug eine harte Aufgabe. Aber die meisten waren in ausgezeichneter Verfassung – feine runde Formen und doch nicht schwammig. Diesmal dauerte es nicht lange, bis wir den Hügel erklommen hatten. Die meisten mußten zwar mit der Peitsche ein bißchen aufgemuntert werden, aber einige liefen auch ohne jegliches Anhalten. Da oben sah alles noch genau so aus, wie wir es im April verlassen hatten. Die Flagge stand genau so da, wie wir sie hineingesteckt hatten und sah nicht besonders mitgenommen aus. Und was noch besser war, wir fanden auch unsere alten südwärts laufenden Spuren wieder. Nachdem alle Schlitten gut angekommen waren, spannten wir die Hunde aus und ließen sie los. Keiner von uns zweifelte daran, daß sie sofort jubelnd davonstürzen und den Weg nach den Fleischtöpfen einschlagen würden. Ein großer Teil von ihnen bereitete uns auch hierin keine Enttäuschung. Lustig und vergnügt schlugen sie den Rückweg ein, und bald war das Eis in der Richtung nach Framheim mit Hunden übersät. Sie führten sich auch durchaus nicht wie artige Kinder auf; an einzelnen Stellen stand ein förmlicher Nebelfleck auf dem Eis; das war der Schneestaub, der die Kämpfenden einhüllte. Aber bei der Ankunft daheim waren sie doch tadellos; daß da oder dort einer ein wenig hinkte, wurde nicht gerechnet. Beim Nachzählen stellte sich heraus, daß 10 Stück fehlten. Konnten denn alle 10 in Spalten gefallen sein? Das war doch sehr unwahrscheinlich!

Am nächsten Morgen machten sich zwei Mann nach dem Abgangsplatz auf den Weg, um nach den fehlenden Hunden Ausschau zu halten. Sie kamen über ein paar Spalten, aber keine Hunde waren zu sehen. Als sie jedoch an die Stelle kamen, wo die Schlitten standen, lagen alle zehn Nachzügler zusammengerollt daneben und schliefen; und überdies lag jeder neben seinem eigenen Schlitten. Den Herankommenden schienen sie nicht die geringste Aufmerksamkeit zu schenken, der eine oder andere öffnete wohl die Augen und glotzte sie an, das war aber auch alles. Als sie nun aufgestöbert und durch handgreifliche Zeichen darauf aufmerksam gemacht wurden, daß man ihre Gegenwart zu Hause wünschte, taten sie aufs äußerste erstaunt. Ja einige glaubten es einfach nicht, sie drehten sich nur ein paarmal um sich selbst und legten sich wieder auf denselben Fleck nieder. Es mußte ihnen wirklich erst etwas Prügelsuppe gegeben werden.

Könnte man sich etwas Unerklärlicheres denken? Da lagen sie bei –40° C 5 km von ihrem warmen, behaglichen Heim entfernt, wo, wie sie wußten, Überfluß ihrer wartete. Und obgleich sie nun schon 24 Stunden da zugebracht hatten, machte doch keiner Miene, den Ort zu verlassen. Wäre es noch Sommer gewesen, sonnig und warm, da hätte man es begreifen können. Aber jetzt – nein – das ging über unseren Verstand!

Der Tag für die endgültige Abreise konnte noch nicht festgestellt werden. Wir mußten warten und uns in Geduld fassen, bis die Temperatur einigermaßen annehmbar war; denn solange es noch so kalt war, konnten wir nicht ans Aufbrechen denken. Immerhin waren alle unsere Sachen fertig auf der Eisplatte; es brauchten nur die Hunde eingespannt zu werden, um loszufahren. Wenn jemand zu uns hereingesehen hätte, würde er zwar eigentlich nicht den Eindruck bekommen haben, daß wir ganz bereit seien; denn da drinnen wurde mehr als je mit Schere und Nadel gearbeitet. Alles, was einem möglicherweise bei ein paar Gelegenheiten als Nebensache von minderer Bedeutung aufgefallen war, die man bei gegebener Zeit ausführen oder auch ganz lassen könnte, erschien einem nun plötzlich als das Wichtigste von der ganzen Ausrüstung. Und heraus flog das Messer und schnitt ritsch ratsch!, bis große Haufen von Fetzen umherlagen. Dann kam die Nadel an die Reihe, und Saum um Saum wurde gestichelt.

Die Tage vergingen, aber die Temperatur ließ den Frühling noch nicht ahnen. Ab und zu schwang sie sich bis in die dreißiger empor, aber nur um ebenso schnell wieder auf –50° C hinunterzufallen. Solch ein Warten ist kein Vergnügen. Ich bekomme dann immer den Eindruck, als wartete ich allein, während alle andern schon unterwegs seien. Wie ich merkte, war ich nicht der einzige, der also dachte. „Möchte wissen, wie weit der Scott heute ist?" – „Ach, der ist bei Gott noch nicht draußen! Für seine Ponys ist es noch zu kalt, das kannst du dir doch denken " – „Ja, aber wer sagt denn, daß es bei denen so kalt ist wie bei uns? Dort an der Bergwand ist es wahrscheinlich viel wärmer, und darauf kannst du Gift nehmen, die liegen nicht auf der faulen Haut. Diese Burschen haben wahrhaftig gezeigt was sie leisten können!" Solche Reden konnte man täglich hören. Die Ungewißheit plagte viele – nicht alle – und mich persönlich plagte sie sogar sehr. Ich war fest entschlossen, eiligst abzufahren, sobald sich nur die geringste Möglichkeit zeigte. Mit dem Einwand, daß es nachteilig sein könnte, wenn man sich zu früh auf den Weg machte, konnte ich mich nicht recht einverstanden erklären. Und wenn es wirklich noch zu kalt sein sollte, so konnten wir ja wieder umkehren, da war leicht abgeholfen. Irgendein Wagnis war also meiner Ansicht nach nicht dabei.

Der September kam mit –42° C. Na, bei dieser Temperatur hätte man es schon aushalten können, aber wir wollten doch noch ein wenig warten. Vielleicht war es nur ein Lockvogel gewesen! Am nächsten Tag –53° C; still und klar. Am 6. September –29° C. Endlich trat die Veränderung ein, und unserer Ansicht nach war es nun auch höchste Zeit. Am nächsten Tag –22° C. Wahre Frühlingsbotschaft war in dem Lüftchen, das von Osten danergezogen kam! Ja, nun hatten wir jedenfalls eine gute Temperatur zur Abreise. Alle Mann klar! Morgen geht es los!

Der 8. September brach an. Wir standen wie gewöhnlich auf, verzehrten unser Frühstück und setzten uns dann in Bewegung. Viel war nicht zu tun. Die leeren Schlitten, mit denen wir nach dem Abfahrtsplatz fahren wollten, standen bereit, und wir brauchten nur noch ein paar Sachen daraufzuwerfen. Aber siehe da, gerade weil sie so leicht waren, brauchten wir sehr lange zum Einspannen. Vor jeden Schlitten mußten ja zwölf Hunde gespannt werden, und uns ahnte, daß der Aufbruch eine lebhafte Sache sein werde. Zu zwei und zwei halfen wir einander, die Hunde herbeizuholen und einzuspannen. Die besonders vorsichtigen hatten ihre Schlitten an einem festen Pfahl im Schnee verankert, während die andern sich damit begnügten, den Schlitten umzustürzen, und wieder andere noch leichtsinniger gewesen waren. Alle mußten fertig sein, ehe der erste abfuhr. War dies nicht der Fall, dann konnte man die Hunde unmöglich mehr regieren, und die Folge war, daß sie halbeingespannt davonrasten. Hu, welch ein entsetzliches

Durcheinander und Spektakel herrschte an jenem Morgen unter den Hunden! In zwei Zügen waren einige Hunde läufig und sie vollführten nicht allein in ihrem eigenen Zug, sondern auch unter den andern einen fürchterlichen Tumult. Der eine Schlittenlenker war so klug, seine Hündin wieder auszuspannen und sie in der Schreiner-Werkstatt einzusperren. Aber deshalb hatte er doch noch Schererei genug mit seinem Zug. Die Hunde stellten sich auf die Hinterpfoten, sprangen herum und rissen an den Seilen, um zu der Werkstatt hinzukommen. Aber der Lenker lächelte verschmitzt. Er wußte, wenn sie erst unterwegs waren, gingen alle Liebesgefühle in der Lust, vorwärtszukommen, unter. Der andere Lenker dagegen behielt seine Hündin im Zug. Das sei so ein gutes Tier, sagte er, wenn sie nicht dabei sei, könne er gar nichts mit seinem Zug anfangen, die ganze Polarfahrt wäre dann eine Unmöglichkeit.

Nun war fast alles bereit, wir warteten nur noch auf eine Kleinigkeit. Da höre ich plötzlich ein wildes Hallo, und indem ich mich umdrehe, sehe ich einen Zug ohne Führer auf und davon laufen. Der nächste Lenker sprang zu, um beim Aufhalten zu helfen. Das hatte zur Folge, daß sich auch seine Hunde in Trab setzten – die beiden Schlitten voraus und die Lenker im vollen Galopp hinterher. Aber dieser Wettbewerb war zu ungleich, und schon nach wenigen Augenblicken blieben die Lenker weit zurück. Die beiden ausgerissenen Züge hatten eine südwestliche Richtung eingeschlagen, und mit Windeseile ging es dahin. Das war ein böser Dauerlauf für die beiden Lenker. Das Galoppieren hatten sie längst aufgegeben, nun gingen sie in den Schlittengeleisen, und sie erreichten die Eispressungen erst eine gute Weile, nachdem die Hunde dahinter verschwunden waren. Wir andern warteten indessen. Die Frage war – was tun die beiden, wenn sie ihre Schlitten erreicht haben? Kehren sie hierher zurück oder fahren sie gleich auf den Abfahrtsplatz? Das Warten war jedenfalls nicht angenehm, und so beschlossen wir, jetzt gleich nach dem Abfahrtsplatz zu fahren und, wenn es notwendig sein sollte, lieber dort zu warten. Gesagt getan – und es ging von dannen. Na, jetzt würde man ja sehen, wie es mit unserer Herrschaft über die Hunde bestellt war, denn aller menschlichen Berechnung nach würden nun die noch übrigen Züge denselben Weg einzuschlagen versuchen, den die Ausreißer genommen hatten. Diese Furcht erwies sich jedoch als unbegründet. Dreien gelang es, mit ihren Hunden abzubiegen und sie in die richtige Spur zu leiten, nur den beiden andern liefen die Hunde in der neuen Richtung davon. Sie behaupteten freilich nachher, sie hätten gemeint, alle sollten nun den neuen Weg einschlagen, aber ich lächelte nur und sagte kein Wort. Es war mir selbst schon wiederholt zugestoßen, daß die Hunde den Oberbefehl an sich gerissen hatten, und ich hatte mich jedesmal ein bißchen beschämt gefühlt, aber lieber Gott ...

Seite 20/21:
Fünf Fächergespanne auf dem Weg nach Siorapaluk, der nördlichsten Siedlung auf der Erde.
Seite 22:
Iglu in Thule, die Hunde warten auf ihre Abendmahlzeit.
Seite 23:
Schlittenfahrt in Thule.

Polareskimo auf der Robbenjagd.

Robert Falcon Scott

Die Rettung der Hunde

Sie sind auf dem Rückweg. Sie folgen der Spur ihrer Reise nach Süden. Sie gehen in einem Bogen, auf dem Hinweg waren sie vom Kurs abgekommen. Da steckt Scott eine Abkürzung durch neues Gelände aus. Einer der Hundeführer, Meares, protestiert und sagt, daß man auf einem längeren Weg schneller sein kann, wenn man weiß, daß er sicher ist. Aber vielleicht ist Scott nicht bei Laune. Dann wird er halsstarrig, gebieterisch und einsilbig, Offizier eines Schiffes im Sturm. Meares läßt die Hunde abbiegen und schickt sie entsprechend dem neuen Kurs auf ein Plateau zwischen zwei Eiswällen.

Es ist ein schöner Tag, die Sonne liegt über dem Schnee. Das Licht sticht in den Augen, die Männer haben die Überkleider abgeworfen und auf die Schlitten gelegt. Die Hunde haben sich bis jetzt gut gehalten. Das hatte Scott nicht erwartet. Pessimismus, der sich als unbegründet erweist, wirkt auf ihn oft wie eine Beleidigung.

Da verschwinden plötzlich die sechs mittleren Hunde des Gespanns in einer Spalte, die der Neuschnee verdeckt hatte.

Osman, der riesenstarke Leithund, stemmt die Pfoten gegen festen Schnee und hält die sechs Hunde hinter ihm, die im Geschirr hängen. Zwei Hunde stehen noch auf der anderen Seite der Spalte, hinter ihnen der Schlitten. Da bricht ein weiteres Stück vom Schneerand ab, und die beiden letzten Hunde rutschen mit lautem Heulen in die Spalte. Osman ist nun der einzige, der nicht abgestürzt ist. Scott ist nach vorn gelaufen. Meares hat zwei Schistöcke auf den Spaltenrand gelegt, damit der Schnee besser trägt. Er legt sich auf den Bauch und schiebt sich zur Spalte vor. Zuerst sieht er nichts, hört aber die Hunde. Als die Augen sich vom scharfen Licht der Hochebene auf die Dunkelheit der Spalte umgestellt haben, erblickt er die Hundekörper, die sich unten in den Riemen winden. Eines der Tiere versucht auf das andere hinaufzukriechen, sie sind nahe daran, sich gegenseitig zu erwürgen. Noch hält Osman stand. Noch steht der Schlitten.

Es gelingt den Männern, den Schlitten quer zu stellen, damit er ein besseres Gegengewicht bildet. Dann springt Scott über die Spalte und hilft Osman, indem er ihn an einem Stock festbindet. Wilson kommt hinzu. Die anderen Männer sind noch weiter hinten. Meares liegt auf dem Bauch am Rand der Spalte. Er sagt: „Sie hängen noch immer dort." Da winden sich zwei Hunde aus den Riemen, fallen, landen zwanzig Meter tiefer auf einem Vorsprung und bleiben dort stehen. Die Männer legen nun Taue über die Spalte und verstärken das Riemenzeug in dem die Hunde hängen. Der Schlitten wird so manövriert, daß er sicher über der Spalte zu stehen kommt, dann wird er an beiden Enden befestigt. Jetzt ist Osman frei. Meares, der Hundeexperte, will sich am Seil hinunterlassen. Scott ist im Zweifel. Es gilt, die Hunde zu retten, aber noch mehr gilt es, keine Männer zu opfern. Dann gibt er seine Erlaubnis.

Im Norden zieht eine Schlechtwetterfront auf. Das kennen die Männer schon. Hier kann das Wetter innerhalb weniger Minuten umschlagen.

Hinter sich sehen sie den Rest der Gruppe kommen. Winken oder Rufen würde nichts nützen, der Abstand ist zu groß. Sie haben einige Seile auf dem Schlitten. Sie probieren die Vertäuungen aus, springen vorsichtig am Rand des Abgrunds, stellen fest, daß das Eis halten wird. Meares befestigt das Tau unter den Armen, beide Hände müssen frei bleiben. Er weiß, wozu ein Hund imstande ist, wenn er an einem Seil hängt und zappelt. Er setzt sich auf den Rand der Spalte, holt tief Atem und sagt: „Jetzt!"

Sie lassen ihn hinunter, zwei Mann bremsen, sie haben das Tau um einen Stock gewunden, damit es langsam gleitet. Fuß um Fuß lassen sie Meares in die Spalte hinunter. Die Hunde bellen wie verrückt. Sie sehen, daß der Mann kommt, sie kennen ihn. Er hat sie oft geprügelt. Jetzt setzt er ihretwegen sein Leben aufs Spiel. Als er einen Meter über ihnen ist, brüllt er, um den obersten Hund zu erschrecken. Das Tier hält im Heulen inne. Mit einem blitzschnellen Griff packt Meares seine Schnauze und hält sie zu. Er hat einen dünnen Strick mit, den windet er um den Körper des Hundes, dann schneidet er das Riemenzeug mit einem Messer ab, das er zwischen den Zähnen gehalten hatte. Das Tier wird hinaufgezogen.

Die Hunde verstehen, daß Meares gekommen ist, um ihnen zu helfen, aber sie sind verrückt vor Angst. Der Rest des Gespanns hängt tiefer unten in der Spalte. Ein Gurt ist im Weg und macht es unmöglich, daß Meares neben die Hunde hinuntergelassen werden kann. Er trifft genau auf ihre Köpfe. Da fährt der eine Hund hoch und beißt ihn ins Bein. Meares erstickt einen Schrei, tritt nicht nach dem Hund, weil sonst sein Körper zu schwingen beginnen würde. Er krümmt sich und versucht den Kopf des Hundes in den Griff zu bekommen. Der Hund hat die Riemen um den Hals und ist nahe daran, von ihnen erwürgt zu werden. Meares schreit hinauf: „Nachlassen …!"

Jetzt hängen die Hunde und Meares auf gleicher Höhe. Ein Hund schlägt aus und trifft einen anderen, tiefer hängenden, der Meares ins Gesicht tritt. Meares schlägt ihn zwischen die Augen. Da schwingt sein Körper heftig zur Seite, der Hund mit ihm. Als der Körper zurückschwingt, gelingt es ihm, das Seil um den Hund zu schlingen, und die Männer ziehen ihn hinauf.

Jetzt hat Meares nur noch wenig Kraft. Er müßte hinauf und sich ausruhen. Aber können die beiden das schaffen, ihn hinaufziehen und wieder hinunterlassen? Er ruft: »Laßt mich hängen …! Ich muß rasten …!" Unter ihm sind noch vier Hunde. Tiefer unten stehen zwei weitere auf einem Vorsprung. Er sieht sie undeutlich im blauen Licht. Die Eiswände umgeben ihn. Die Spalte scheint bodenlos zu sein. Hier, an der schmalsten Stelle, sind die Eiswände nur zwei Meter voneinander entfernt. Über sich sieht er einen Streifen weißen Lichts.

Dann ruft er: „Nachlassen …"

Der nächste Hund scheint betäubt zu sein, schon halb von den Riemen des Geschirrs erwürgt. Es ist leicht, ihn hinaufzuschaffen.

Während der eine der beiden Männer oben einen Hund hochzieht, muß der andere Meares allein halten. Von Zeit zu Zeit fallen kleine Schneeklumpen herunter und treffen Meares am Kopf. Der Schnee rieselt in den Kragen. Meares trieft von Schweiß und friert dabei. Ein Hund nach dem anderen wird hinaufgezogen. Am Schluß ist Meares selbst an der Reihe. Die beiden Männer am Rand der Spalte ziehen langsam, Fuß um Fuß. Nur noch wenige Meter sind zurückzulegen, da bekommt Meares eine Ladung Schnee ins Gesicht. Es knackt im Gletscherrand über ihm.

Er denkt: Wenn sie mich schnell hochreißen würden … Aber die Männer ziehen langsam, gleichmäßig, ruhig. Sie rufen etwas – er kann es nicht verstehen.

Dann ist er oben.

Einen Augenblick lang liegt er auf dem Rand der Spalte, die Füße hängen hinunter, der Kopf ruht im Schoß von Scott.

Das Nebeltreiben, das sie auf dem Weg hierher begleitet hatte, ist nun vorüber. Die Sonne scheint wieder. Das Licht funkelt über dem Schnee. Das nächste Hundegespann kommt an. Die Männer winken munter und fragen, ob sie behilflich sein können.

Zwei Hunde stehen noch auf einem Absatz in der Spalte. Scott sagt: „Holt das längste Seil."

Meares protestiert: „Ich muß mich zuerst ausruhen."

Scott entgegnet: „Ich lasse mich selbst hinunterseilen."

Wilson greift ein. Er ist Scotts Freund und kann verlangen, von ihm angehört zu werden. „Wir brauchen die Hunde, aber wir brauchen auch die Menschen, und nicht zuletzt dich. Wenn du dich hinunterseilen läßt, setzt du mehr als dein eigenes Leben aufs Spiel."

Scott erwidert: „Wir können die Hunde nicht dort unten lassen und selbst weitergehen."

„Wir können sie erschießen."

„Ich lasse mich hinunterseilen."

Sie verstärken jetzt die Verankerungen auf dem Schlitten, der quer über der Spalte steht. Weitere Männer sind angekommen. Wie viele können sich dem Spaltenrand nähern, ohne abzustürzen? Jeder Mann am Abgrund wird an einem hinter ihm stehenden angeseilt. Scott bindet das neunzig Fuß lange Tau um den Leib. Wilson steht auf der einen Seite, Meares, der sich wieder erholt hat, auf der anderen. Das Tau wickeln sie um die Schistöcke, um bremsen zu können.

Dann läßt Scott sich hinunter. Es ist hier dunkler, als er gedacht hatte. Er sieht, daß das Eis der Wände die Farbe wechselt. Kältewellen schlagen ihm entgegen, von oben kommt immer weniger Licht. Die Stimmen der Männer über ihm haben einen neuen, rollenden Klang. Er ruft hinauf: „Es geht gut …!" Der Ruf hallt von Eiswand zu Eiswand, wird unverständlich, läßt einen Hund tief unter ihm erschreckt aufheulen. Das Heulen klingt so, als falle es zuerst in die bodenlose Schlucht und komme von dort verstärkt zurück. Es ist ein hohler, gespensterhafter, erschreckender Laut.

Meter um Meter tiefer hinunter. Er hängt ganz ruhig, merkt aber, daß das Kräfte erfordert. Die Kälte, die von den Eiswänden ausstrahlt, trifft die Haut wie Rutenschläge.

Nun nähert er sich dem Vorsprung. Es schmerzt im Genick, wenn er den Kopf vorzubeugen versucht, um den Vorsprung genauer zu sehen. Er schätzt, daß er an die vier Meter lang und höchstens eineinhalb Meter breit ist. An einigen Stellen fällt er schräg ab.

Er ruft hinauf: „Langsam!" Er muß nun den Körper in Schwingungen versetzen, bis er an die Eiswand herankommt und den Vorsprung mit den Füßen erreichen kann.

Der Körper schwingt, Scott stößt an die eine Wand und merkt plötzlich, daß er fällt. Dann wird er wieder höhergezogen.

Es gelingt ihm, einen Fuß auf den Vorsprung zu stellen, dann beide. Er reißt einen Fäustling von der Hand und hakt den Finger in eine Unebenheit der Eiswand. Dann zieht er sich an die Wand heran. Zwei Meter von ihm entfernt stehen die Hunde. Sie heulen nicht mehr.

Er weiß, was er tun muß. Zuerst das Tau lösen, dann, wobei er selbst frei steht, das Tau um den ersten Hund schlingen – und warten, während dieser hinaufgezogen wird.

Die Hundeaugen glühen wie brennende Kohlen im blauen, düsteren Licht. Es ist eine Frage der eigenen Nerven und der Klugheit der Hunde. Verstehen sie, warum er gekommen ist? Die Eiswand hinter ihm ist glatt. An ein paar Stellen des Absatzes liegt Schnee. Was unter dem Schnee ist, kann er nicht erkennen.

Dann schiebt er sich näher an die Hunde heran, Zentimeter um Zentimeter, redet ruhig, aber energisch mit ihnen. Er erreicht den ersten und krault ihn hinter dem Ohr. Plötzlich schnappt der Hund nach ihm. Die Zähne schlagen in Scotts Handgelenk. Er zwingt sich, ruhig zu bleiben, bis der Hund lockerläßt. Dann löst Scott ruhig das Tau von seinem Körper und befestigt es am Hund.

Nun wird der Hund hinaufgezogen.

Während Scott hier unten steht, ohne Seil, hat er Zeit, die Eisformationen zu studieren, das Farbenspiel, das über ihm rötlich sprüht und unter ihm sich zu Schwärze verdunkelt. Der letzte Hund wendet die Augen nicht von Scotts Gesicht. So bleiben sie stehen und starren einander an.

Wie tief kann die Gletscherspalte sein? Dreihundert Meter, sechshundert? Niemals wird sie ausgemessen werden.

Reicht sie vielleicht bis zum Grundgestein auf dem kältesten Kontinent des Erdballs? Tausendjähriger Schnee hat die Spalte geformt. Da wird das Tau heruntergelassen.

Scott beginnt zu summen. Er ist kein großer Sänger, aber er hat gehört, daß leises Singen ein Tier beruhigt. Wieder schlingt er das Tau um den Tierkörper, und wieder steht er allein hier unten, während der letzte Hund hinaufgezogen wird.

Das ist die Einsamkeit. Während er wartet, hört er, daß oben ein Kampf zwischen den Hunden ausgebrochen ist. Die Situation verleitet wohl dazu: die Freiheit, die überschüssigen Kräfte, die Freude über die Rettung. Er begreift auch, daß die Männer zuerst die Hunde einfangen müssen, damit sie nicht noch einmal in die Spalte fallen.

Er steht und wartet ohne Tau, versucht zu horchen, alle Laute werden verzerrt und rollen wie Donner. Angst erfaßt ihn, daß die Schallwellen Risse im Eis über ihm erzeugen und die Ränder einstürzen könnten. Da sieht er das Tauende langsam herunterkriechen.

Die Männer oben rufen, er kann nicht hören, was sie sagen. Als er das Tau um den letzten Hund befestigte, hat er einen Fäustling verloren. Jetzt ist seine Hand starr vor Kälte.

Er kann die Finger nicht bewegen, als er das Tau am eigenen Körper befestigen soll, und muß auch den anderen Fäustling wegwerfen. Scott beginnt am ganzen Körper zu zittern, seine Gedanken funktionieren nicht mehr; er versucht sich zu ruhigem Überlegen zu zwingen. Der kleine Finger steht ab wie ein froststarrer Zweig.

Dann haucht er ihn an, schafft es, das Tau um den Leib zu schlingen, fühlt, wie die Dunkelheit in seinem Gehirn zunimmt. Ist er am Erfrieren? Das Tau liegt um seinen Leib, er zieht die Schlinge zu, weiß nicht, ob der Knoten hält.

Er steigt höher. Ein kleiner Vorsprung ist über ihm, den muß er umgehen, sich mit einem Arm von ihm wegschieben. Er schafft es nicht. Die Eiskante reißt ihm die Pelzmütze ab, ritzt die Kopfhaut, aber er friert zu sehr, um Schmerzen zu spüren. Dann ist er oben.

Zwei Männer legen sich auf den Schlitten, den sie nun von der Spalte weggezogen haben. Man bettet Scott auf die beiden, und Wilson legt sich auf ihn. Dann flößt man ihm heißen Tee ein, den einer der Männer gekocht hat, während die anderen mit den Hunden kämpften und Scott unten wartete.

Fridtjof Nansen

In Nacht und Eis

Um die Mittagsstunde verließen wir das Schiff. Ich ging mit der führenden Kvik am ersten Schlitten an der Spitze, Johansen folgte mit den beiden anderen Schlitten unter Hurra, Peitschenknall und Hundegebell. Gleichzeitig feuerte die *Fram* Schuß auf Schuß als Abschiedsgruß. Einige Kameraden gaben uns ein Stück das Geleit. Am Fuß eines Eishügels kehrten sie um. Zum letztenmal drückte ich Sverdrup die Hände und blickte ihm nach, wie er auf seinen Schneeschuhen gemächlich heimwärts zog. Beinahe hätte ich gewünscht, mit ihm umzukehren, um wieder im warmen Salon auszuruhen. Ich wußte nur zu gut, daß es lange dauern würde, bis wir wieder unter einem behaglichen Dach speisten und schliefen. Daß aber soviel Zeit vergehen würde wie in Wirklichkeit, hat damals keiner von uns auch nur geahnt.

Nun war ich mit Johansen und den Hunden allein. Wir fanden große Strecken flachen Eises und kamen rasch vorwärts. Wiederholt gerieten wir an aufgetürmte Ketten, über die wir die drei schweren Schlitten nacheinander schieben und auch tragen mußten; mehrmals stürzten sie um. Etwas erschöpft machten wir um sechs Uhr abends halt. Unser Wegweiser zeigte neun Kilometer Tagesmarsch an. Das waren nicht gerade die Märsche, auf die ich gerechnet hatte; allein, die Schlitten würden mit der Zeit leichter werden, und wir hofften, besseres Eis zum Fahren zu finden. Die Hunde waren müde, und da wir einen guten Platz erreicht hatten, schlugen wir das Lager auf. Die Tiere wurden angekoppelt und gefüttert. Ich stellte das Zelt auf, und bald brodelte auf dem Primuskocher im Topf das Wasser für einen Göttertrank aus Kakaopulver.

Notizen aus meinem Tagebuch:

Mittwoch, 20. März 1895. Schönes, kaltes Wetter. Das Eis ebnet sich mehr und mehr, je weiter wir vordringen. Wenn das so anhält, wird das Ganze wie ein Tanz gehen. Manchmal überschreiten wir auch Stellen, an denen das Eis wie hügeliges, schneebedecktes Land aussieht und ungewöhnlich schwierig ist. Es ist sehr altes Eis, das auf seinem Weg vom Sibirischen Eismeer nach der Ostküste von Grönland schon mehrere Jahre im Polarmeer umhergetrieben ist, Jahr für Jahr schweren Pressungen ausgesetzt war und hohe Haufen gebildet hat. Diese Hügel sind Sommer für Sommer durch die Sonne abgeschmolzen und im Winter wieder mit Schnee überschüttet worden, so daß sie jetzt mehr Eisbergen als aufgestautem Meereis ähneln.

Wir haben unseren Wegmesser verloren, können fortan die zurückgelegten Tagesstrecken also nur noch schätzen. Einer unserer Hunde, Livjägeren, ist krank und zieht nicht mehr; wir lassen ihn frei laufen.

Freitag, 22. März. Morgens neun Uhr –42°. Das Quecksilber ist gefroren. Wir haben wunderschönes Wetter, herrlich zum Marschieren, nur nachts ist es kalt. Große Flächen ebenen Eises liegen vor uns; es geht gut. Wir blieben gestern bis abends acht Uhr im Schwung und haben sicherlich unsere 22 km gemacht. Wir müssen bereits auf 85° Breite stehen.

Sonnabend, 23. März. Ortsbestimmung, Festbinden der Lasten auf den Schlitten, Säckeflicken und ähnliche Beschäftigungen, die bei so niedriger Temperatur kein Spaß sind, erlaubten uns gestern nicht, vor drei Uhr nachmittags abzumarschieren. Wir hielten aus bis neun Uhr abends und setzten das Zelt in das schlimmste Eis, das wir in letzter Zeit gehabt haben. Nordostwind machte uns sehr zu schaffen.

Sonntag, 24. März. Das Eis ist nicht mehr gut. Gestern hatten wir einen schwarzen Tag. Wir kamen wohl vorwärts, aber kaum mehr als 15 km. Fortwährend mußten wir die Schlitten anheben und schieben. Der arme Rücken verlor seine gute Laune. Hoffentlich kommen wieder bessere Zeiten. Die Kälte ist durch den starken Wind recht fühlbar. Die Tage werden länger, bald werden wir die Mitternachtssonne haben.

In den nächsten Tagen blieb das Eis schlecht, und wir verloren unsere Kräfte bei der unaufhörlichen Anstrengung, die es kostete, den Hunden zu helfen, die umgefallenen Schlitten aufzurichten und über Hügel zu ziehen oder hinwegzuheben. Manchmal waren wir abends so müde, daß uns die Augen zufielen und wir beim Gehen einschliefen. Doch plötzlich wachte man dann auf, wenn man auf den Schneeschuhen vornüber stolperte.

Sobald wir hinter einem Hügel oder einer Eiskette einen windgeschützten Lagerplatz gefunden hatten, hielten wir an. Johansen sorgte für die Hunde; ich richtete das Zelt auf, füllte den Kochapparat mit Eis, zündete den Brenner an und bereitete das Abendessen. Es bestand in der Regel den einen Tag aus Labskaus von Pemmikan und Trockenkartoffeln, den andern aus Fischpudding, Weizenmehl und Butter, den dritten aus Erbsen-, Bohnen- oder Linsensuppe mit Brot.

Wenn Johansen die Hunde versorgt hatte, trugen wir die Säcke mit den Lebensmitteln und unserer persönlichen Habe ins Zelt; dann wurde der Schlafsack ausgebreitet und die Zeltöffnung sorgfältig verschlossen; und jetzt erst krochen wir in den Sack, um die Kleider aufzutauen. Das war eine unangenehme Arbeit. Im Laufe des Tages hatten sich die Ausdünstungen des Körpers nach und nach in der äußeren Kleidung verdichtet, die nun eine Eismasse bildete und zu einem richtigen Panzer gefroren war. Sie war so hart und steif, daß sie allein gestanden hätte, wenn wir uns ihrer nur hätten entledigen können; bewegten wir uns darin, so knisterte die eisige Rüstung hörbar. Die steifen Rockärmel scheuerten auf dem Marsch in meine Handgelenke tiefe Wunden; am rechten Arm kam Frost hinein, die Wunde wurde immer tiefer und ging fast bis auf den Knochen. Ich versuchte, sie mit Binden zu schützen, sie heilte aber erst im Spätsommer; die Narbe werde ich wahrscheinlich mein ganzes Leben behalten. Wenn wir abends in den Schlafsack gekrochen waren, taute also die Kleidung langsam auf. Dabei gab der Körper viel Wärme ab. Wir drückten uns im Sack dicht aneinander, aber es dauerte dann eine gute Stunde, bis wir etwas Wärme verspürten. Endlich wurden die Kleider schmiegsam, doch nur, um morgens, wenige Minuten nachdem wir aus dem Sack gekrochen waren, wieder steif zu frieren.

Wie froren wir, wenn wir zähneklappernd im Sack lagen und darauf warteten, daß das Essen fertig wurde! Als Koch mußte ich mich einigermaßen wach halten, um auf das Kochen aufzupassen. Und wenn endlich das Abendessen ausgeteilt war, wie köstlich schmeckte es! Das waren die schönsten Augenblicke unseres Daseins, und wir freuten uns schon den ganzen Tag darauf. Manchmal fielen uns vor Müdigkeit die Augen zu, und wir schliefen mit dem Löffel vor dem Munde ein. Nach dem Essen leisteten wir uns gemeinhin einen Becher Wasser mit aufgelöstem Molkenpulver; es schmeckte wie heiße Milch und bekam uns wunderbar; es wärmte uns bis in die Zehenspitzen. Dann pflegten wir wieder tief in den Sack hineinzukriechen, die Klappe über den Köpfen festzuschnallen, uns dicht aneinanderzudrängen und bald den Schlaf der Gerechten zu schlafen. Unser Leben war Marschieren, Essen, Schlafen. Sogar in den Träumen marschierten wir unaufhörlich weiter nach Norden, quälten uns mit den Schlitten ab und trieben die Hunde an; oft hörte ich Johansen im Schlafe Pan, Barrabas oder Klapperslangen zurufen: „Willst du vorwärts, du Teufel, du! Prrr, prrr, ihr Höllenhunde! – Sass, sass! – Hol euch der Teufel mitsamt den Schlitten!"

Morgens mußte der Koch zuerst aufstehen und das Frühstück bereiten. Den einen Morgen gab es Schokolade, Butterbrot und Pemmikan, den andern Hafermehlsuppe. War das Frühstück fertig – ich brauchte zur Vorbereitung eine Stunde –, weckte ich Johansen; dann setzten wir uns im Schlafsack auf, breiteten eine wollene Decke als Tischtuch aus und machten uns ans Werk. Nach dem Frühstück schrieben wir ein wenig an unseren Tagebüchern; dann hieß es an den Aufbruch denken. Aber wie müde waren wir manchmal noch, wie oft hätte ich nicht alles darum gegeben, wenn ich wieder in den Sack hätte hineinkriechen und vierundzwanzig Stunden durchschlafen können! Es schien mir das größte Vergnügen der Welt zu sein. Doch wir mußten weiter, weiter nach Norden; die Zeit war kostbar.

Also hinaus in die Kälte und die Schlitten bereitgemacht, die Zugleinen der Hunde entwirrt, die Tiere angeschirrt und so rasch wie möglich auf den Weg! Meist ging ich voraus, um einen Pfad durch das zerborstene und durcheinandergeschobene Eis zu suchen; hintennach kam der Schlitten mit meinem Kajak. Die Hunde lernten bald folgen, hielten aber bei jedem Hindernis an; wenn man sie dann nicht durch Zuruf dazu brachte, daß sie alle zu gleicher Zeit anzogen und so den Schlitten über die schwierige Stelle hinwegzerrten, mußte man umkehren und die Tiere peitschen und ihnen helfen. Am Ende folgte Johansen mit den beiden anderen Schlitten. Bald rief er den Hunden zu, sie müßten ordentlich ziehen, bald peitschte er sie, bald zog er selbst mit.

Ja, wir waren grausam gegen die Tiere. Noch jetzt macht es mich schaudern, wenn ich daran denke, wie wir sie mit Stöcken geschlagen haben, wenn sie vor Erschöpfung anhielten. Das Herz blutete uns, aber wir wandten den Blick ab und verhärteten uns. Es war notwendig. Wir mußten vorwärts. Das ist die traurige Seite von Expeditionen dieser Art, daß man jedes bessere Gefühl erstickt, bis nur der hartherzige Eigennutz übrig bleibt. Wenn ich an die prächtigen Tiere denke, die ohne zu murren für uns gearbeitet haben, solange sie einen Muskel rühren konnten, die niemals Dank, selten ein freundliches Wort dafür bekommen haben, die sich täglich unter der Peitsche krümmten, bis die Zeit kam, daß sie nicht mehr konnten und der Tod sie von ihren Leiden befreite, dann mache ich mir bittere Vorwürfe. Livjägeren war der erste, der versagte und den wir töteten; später kam einer nach dem andern an die Reihe.

Aus meinem Tagebuch:

Freitag, 29. März 1895. Die Nächte werden heller. Wir halten uns nicht länger an die Tagesstunden, sondern brechen auf, wann es uns gefällt, mag es Nacht oder Tag sein. Wir marschieren in einem Zuge neun bis zehn Stunden. Und doch geht es sehr langsam. Wir quälen uns weiter. Das Eis ist nur mittelmäßig, nicht so, wie es der Anfang versprach. Oft kommen wir an schrecklich aufgetürmte Eisrücken, die uns viel Zeit kosten. Man muß vorausgehen, einen Weg suchen, meist einen Umweg machen, um darüber hinwegzukommen. Die Hunde ermatten zusehends. Sie machen es uns nicht leicht; immer und immer wieder müssen wir die satanisch verdrehten und verknoteten Zugleinen entwirren. Die Tiere springen unablässig über- und durcheinander und drehen dabei die Leinen zu einem dicken Strang zusammen. Das Lösen geschieht bei minus 43° mit bloßen Händen, die vor Frost schmerzen und fast keine Haut mehr haben. Dann wieder verklemmt sich ein Schlitten an einem Eisblock. Die Hunde heulen vor Ungeduld, weil sie ihren Gefährten, die voraus sind, nicht folgen können. Dann beißt einer den Strang durch und rennt davon; zwei oder drei andere folgen. Wir fangen sie ein, und die Stränge werden von neuem zusammengeknotet. So geht es über das Eis, und mindestens einmal in der Stunde gibt es einen lästigen Aufenthalt.

Sonnabend, 30. März. Gestern war ein Unglückstag. Von Anfang an hatten wir hügeliges Eis und mußten große Umwege machen. Wir schafften keine rühmliche Strecke. Am Ende wurden wir durch einen äußerst üblen Eisrücken aufgehalten, vor dem sich eine tiefe Spalte hinzog. Als der erste Schlitten hinüberging, fielen sämtliche Hunde hinein und mußten wieder heraufgezogen werden. Der nächste Schlitten stürzte beim Überqueren hinunter, wurde aber glücklicherweise nicht zerschmettert. Wir luden ihn ab, hievten ihn hoch und beluden ihn erneut. Mit dem dritten Schlitten ging es besser. Müde und zerschlagen erreichten wir einen Lagerplatz. Des Kummers nicht genug: als wir endlich in unserm treuen Schlafsack saßen, wollte der Kochapparat nicht brennen. Nach langer Suche entdeckte ich, daß etwas Eis unter den Deckel geraten war. Es dauerte lange, bis die Erbsensuppe auf dem „Tisch" stand. Gott sei Dank ist es im Zelt warm und gemütlich, sonst wäre es unerträglich.

Mittwoch, 3. April. Das Eis ist sehr schlecht, und ich zweifle bereits, ob es klug ist, den Marsch zu lange nach Norden fortzusetzen. In solchem Eis erreichen wir den Pol nicht. Die Ketten bringen uns zur Verzweiflung. Wir stehen auf 85° 54′ n. Br. Es ist erstaunlich, daß wir noch nicht weiter gelangt sind; wir quälen uns ab und machen doch nur geringe Fortschritte. Nach der Summe unserer Tagesmärsche müßten wir weit über den 86. Breitengrad hinaus sein. Es ist mir jetzt klar, daß das Eis nach Süden treibt, und diese beharrliche Drift ist unser schlimmster Gegner.

Freitag, 5. April. Schlechtes Eis, Ketten und Rinnen – das sind Tag um Tag unsere Bilder. Diese Rinnen hemmen uns fürchterlich. Erst verliere ich viel Zeit mit dem Wegsuchen und dann mit dem Durchkommen; dabei fällt man zur Abwechslung ins Wasser, wie mir das gestern zweimal widerfahren ist. Johansen hat zwei Schlitten zu lenken und über die Eisblöcke zu bringen; er ist ein mutiger Kerl und gibt niemals auf.

Wir sind gestern wieder nur wenige Kilometer vorangekommen. Das Eis ist widerwärtig. Die armen Hunde können nicht mehr arbeiten, als sie es schon tun. Ich habe eingesehen, daß es über unsere Kraft geht, auf solchem Eis bis zum Pol zu marschieren. Früher oder später müssen wir umkehren. Wir werden es sogar bald tun müssen. Oder sollen wir versuchen, wenigstens noch auf 87° zu kommen?

Sonnabend, 6. April. Das Eis ist grauenhaft. Ich bin drauf und dran, den Marsch abzubrechen. Ich will noch einen Tag weitergehen und sehen, ob das Eis nach Norden hin wirklich so schlecht ist, wie es jetzt von dem zehn Meter hohen Eisrücken aussieht, bei dem wir rasten. Gestern haben wir wiederum nur ein paar Kilometer geschafft. Unaufhörlich mußten wir die Schlitten über Blöcke und Ketten hinwegheben. Das würde sogar Riesen ermüden. Eine grausame und langwierige Arbeit steht uns bevor, wenn wir auf dem Wege nach Franz-Joseph-Land mehr von dieser Sorte Eis antreffen.

Montag, 8. April 1895. Nein, das Eis ist zu schlecht. Wir kommen nicht weiter. Eine Kette folgt auf die andere; es gibt keine glatten Flächen für freie Fahrt oder gar für das Segeln, es gibt nur Eisblöcke. Wir brachen morgens gegen zwei Uhr auf und setzten den Weg fort, solange unsere Kräfte reichten. Fast während der ganzen Zeit mußten wir die Schlitten tragen; schließlich wurde es uns zu arg. Ich war auf Schneeschuhen eine Strecke vorausgegangen und sah selbst von den höchsten Hügeln überall nur dasselbe Eis, ein Chaos von Blöcken bis an den Horizont. Es hat keinen Sinn, noch weiter vorzudringen; wir opfern kostbare Zeit und gewinnen nichts. Wir werden also umkehren und unseren Kurs auf Kap Fligely richten.

Auf diesem nördlichsten Lagerplatz leisteten wir uns ein großes Festmahl, Labskaus, Brot und Butter, Schokolade, gedämpfte Preißelbeeren und heißen Molkentrank. Froh und übersatt krochen wir in unsern lieben Sack. Ich nahm heute eine Meridianhöhe. Wir stehen auf 86° 13′ n. Br.; 422 km trennen uns noch vom Pol.

Donnerstag, 11. April. Seit Montag sind wir auf dem Rückmarsch. Wir erwarteten, wie bisher dasselbe ungangbare Eis anzutreffen, kamen aber zu unserer Überraschung bald in gutes Gelände, auf schönes, ebenes Eis mit wenigen Rücken und Rinnen. Diese mit dünnem Eis überzogenen Rinnen sind trügerisch und können gefährlich werden. Wir stießen am Nachmittag auf eine solche Rinne, die wir mit dem ersten Schlitten leicht überwanden, obwohl sich das Eis unter uns bog. Kaum aber hatten die Leithunde des zweiten Gespanns die gefährlichste Stelle erreicht, an der das Eis am dünnsten war und bereits etwas Wasser von unten heraufkam, als sie anhielten und vorsichtig die Pfoten ins Wasser tauchten; im selben Augenblick brach ein Tier ein. Das Wasser umherspritzend, quälte es sich ab, um herauszukommen. Jetzt sank das Eis unter dem Gewicht der anderen Hunde und des Schlittens, so daß alles vom Wasser überströmt wurde. Ich zog Hunde und Schlitten rasch auf das feste Eis zurück. Nach einem Umweg brachten wir endlich die beiden Schlitten auf die andere Seite.

Mittwoch, 17. April. Als wir gestern anschirrten, schlich sich Baro davon. Er hatte gesehen, daß wir ein paar von den anderen Hunden anspannten, und wußte, was nun folgen würde. Da ich den Hund, den besten meines Gespanns, nicht verlieren wollte, ging ich ihn suchen. Ich rief und rief, schaute hinter alle Hügel und entdeckte ihn doch nicht. Wir mußten ohne den Hund aufbrechen; jedoch erspähte ich ihn dann zu meiner Freude weit hinten auf unserm Weg. Er schämte sich offenbar, als er herankam und stehenblieb, und schaute mich flehentlich an. Ich schirrte ihn an und sagte kein Wort. Ich hatte den Hund durchpeitschen wollen, wurde aber durch seinen Blick entwaffnet.

Freitag, 19. April. Tag und Nacht haben wir Sonnenschein. Die Temperatur schwankt zwischen 20° und 30° unter Null. – Unser Futtervorrat für die Hunde reicht noch für drei Tage. Ich werde dann zuerst die schlechtesten Tiere als Futter für die anderen verwenden. Das Schlachten ist keine Freude, aber es bleibt uns keine Wahl.

Freitag, 26. April. Heute morgen war ich nicht wenig erstaunt, als ich im Schnee die frische Fährte eines Fuchses entdeckte. Was in aller Welt macht ein Fuchs in diesem wilden Meer? Ein warmblütiges Säugetier auf dem 85. Breitengrad! Später stießen wir auf noch eine zweite Fuchsfährte. Unbegreiflich ist mir, wo diese Tiere auf dem Eis ihre Nahrung finden. Ich vermute, daß sie in den offenen Rinnen Krustentiere erwischen. Ich suche jetzt eifrig, ob wir nicht auch die Spur eines Bären ausmachen.

Im Laufe des Tages haben wir Gulen getötet; er war völlig erschöpft, hielt sich kaum noch auf den Beinen, taumelte und lag, als wir ihn auf einen Schlitten packten, ganz still und rührte sich nicht. Treu, gutmütig und willig, hat er bis zu seinem Ende für uns gearbeitet. Gulen wurde am 13. Dezember 1893 auf der *Fram* geboren; als echtes Kind der Polarnacht hat er nie etwas anderes als Eis und Schnee gesehen.

Sonnabend, 4. Mai. Als wir nachmittags aufbrachen, hatte sich der Wind gelegt. Es schneite still, in großen Flocken. Wir sahen fast nichts, kamen aber vorwärts. Es war himmlisch, bei diesem milden Wetter (−11,3°) zu fahren; man brauchte keine Angst zu haben, mit bloßen Händen zu hantieren, und es brauchte einem auch nicht zu grauen, einen Knopf aufzuknöpfen. Man konnte die wunden, erfrorenen Finger wieder benutzen, ohne daß man unerträgliche Schmerzen litt, wenn man etwas anfaßte.

Wir haben noch 16 Hunde; unser Bestand nimmt erschreckend ab. Die Tiere sind erschöpft, und wir sind es auch. Mit großer Willenskraft bewahrte ich mich heute davor, daß ich vor Erschöpfung umsank.

Sonntag, 12. Mai. Es ist ein recht beschwerliches Dasein. Das Wetter ist undurchsichtig, und wir fühlen unseren Weg mehr, als daß wir ihn sehen. Wir tasten uns nach Süden vorwärts. Es geht langsam, aber die Zeit vergeht. Wir haben noch zwölf Hunde. Die Tiere sind träge und lassen sich schwer antreiben. Das schlechte Eis ist mit tiefem, losem Schnee bedeckt. Sobald man die Schneeschuhe einmal ablegt, um den Schlitten weiterzuhelfen, sinkt man bis zur Hüfte zwischen den Eisstücken ein.

Dienstag, 14. Mai. Wir haben, Gott sei Dank, noch einen guten Vorrat an Proviant, obwohl er so abgenommen hat, daß wir einen Schlitten entbehren können. Wir legen also einen Ruhetag ein und benutzen die Zeit, um die restliche Ladung des Schlittens auf die beiden anderen umzupacken. Das leere Fahrzeug zerschlagen wir und zünden auf dem Eis ein Feuer an. Mit dem Holz bringen wir freilich kaum einen lumpigen Topf voll Wasser zum Kochen. Dafür schmilzt die Scholle, auf der wir lagern, fast durch. Mit Schlitten zu kochen ist also ein luxuriöser Unsinn. Ich kehre lieber zu unserem Primuskocher zurück, der ein treuer Kamerad und ein unterhaltsamer Geselle ist. Man kann im Schlafsack liegen und ihn bequem neben sich stehen haben. Wir besitzen noch genug Petroleum, und wenn es zu Ende geht, werden wir den Bären, Seehunden und Walrossen Tran abzapfen.

Wir sind auf 83° 30′ nödlicher Breite, und ich wiederhole, daß es ein beschwerliches Leben ist. Hier sitzen wir im Treibeis, wissen nicht genau, wo wir sind, und kennen die Entfernung nicht bis zu einem unbekannten Land, in dem wir Nahrung zu finden hoffen. Hier sitzen wir mit zwei Hundegespannen, deren Kräfte schnell abnehmen, zwischen uns und unserem Ziel ein Eisfeld mit unbekannten Schwierigkeiten und Gefahren. Wir dringen mühsam Meile um Meile weiter nach Süden, und indessen führt uns die Drift des Eises vielleicht westwärts ins Meer, über das Land hinaus, an dem Land vorbei, das wir erreichen wollen.

Montag, 20. Mai. Fürchterlicher Schneesturm hält uns auf. Wir kriechen ins Zelt und schlafen, bis uns der Hunger weckt. Dann stehe ich auf und koche köstlichen Labskaus aus Leberteig; darauf trinken wir einen Becher Molkenwasser, dann krieche ich wieder in den Sack, schreibe oder schlummere, wie sichs gerade trifft. Hier liegen wir nun und haben nichts zu tun als zu warten, bis sich das Wetter ändert und wir weiterziehen können. Gestern stießen wir auf die ersten Bärenfährten. Die Aussicht auf Bärenschinken hat uns sehr fröhlich gemacht.

Dienstag, 21. Mai. Es schneit so dicht, daß wir wie Blinde dahinstolpern. Das Eis ist eben, und da wir starken Rückenwind haben, setze ich das Segel auf meinem Schlitten. Er läuft nun beinahe von allein, beflügelt aber die armen müden Hunde nicht in ihrem Schritt.

Freitag, 24. Mai. Gestern war ein ganz schlechter Tag. Wir hatten an einer breiten Rinne haltgemacht. Während Johansen das Zelt flickte, trabte ich fort, um eine Übergangsstelle zu suchen. Drei Stunden war ich unterwegs und fand keine. Dabei hätte ich um ein Haar eine lange Schwimmreise durch Eisschlamm machen müssen. Ich lief mit den Schneeschuhen über Eis, das ich für fest hielt, als plötzlich der Boden unter mir versank. Zu meinem Heil waren einige Eisstücke in der Nähe, auf die ich mich werfen konnte.

Eisparadies „Sehnsuchtslager"
Rinnen und Spalten! Wenn man das Eis aus der Vogelschau betrachten könnte, so würde es wie ein Netzwerk von unregelmäßigen Maschen aussehen. Wehe dem, der sich in dieses Netz verwickeln läßt! Wir haben es längst nicht mehr mit dem zusammenhängenden, festen Polareis zu tun, sondern mit dünnerem, kaum meterdickem zertrümmertem Packeis, das der Willkür der Winde preisgegeben ist. Manchmal will mir der Mut sinken, wenn ich ausschauend einen Hügel erklimme und das Chaos von Blöcken und Schneeschlamm erblicke, das im Wasser durcheinandertreibt.

Pfingstsonntag, 2. Juni. Es liegt etwas Liebliches, Sommerliches in dem Wort Pfingsten, und es ist hart zu denken, wie schön sie es jetzt zu Hause haben und daß wir noch immer hier in Schnee, Wind und Eis herumklettern müssen.

Dienstag, 4. Juni. Das Wetter ist sommerlich, die Lufttemperatur beträgt −1,5°. Der Schnee schmilzt auf dem Zelt, und die Wände tropfen. Im Zelt ist es fast zu warm. Wir sitzen draußen, sonnen uns und gönnen uns vor lauter Eifer, mit dem wir an den Kajaks arbeiten, kaum Muße zum

Essen. Im Teich sahen wir gestern Narwale und einen Seehund. Eine Möwe flog über unser Zelt.

Sonnabend, 8. Juni. Heute wollen wir endlich aufbrechen. Eine volle Woche haben wir in unserem Kajak-Ausbesserungslager zugebracht. Wir haben täglich viele Stunden stramm gearbeitet, sind aber nicht müde, wenngleich wir Hunger erster Klasse haben und unsere Fähigkeit zu schlafen nicht gering ist. Wir sind nicht schwach oder gar schon skorbutkrank, sondern kräftig und gesund und voller Elastizität.

Gestern setzte Südostwind ein, und sämtliche Rinnen rundherum schlossen sich. Nun werden wir gut von unserer Scholle fortkommen, aber die Kajaks können wir noch nicht einsetzen. Abmarsch mit den letzten sechs Hunden.

Freitag, 14. Juni. Es ist das alte Lied und dasselbe Elend: Rinnen über Rinnen, Blöcke, Isketten, Schneeschlamm, kunterbunt durcheinandergeworfen wie erstarrte Brandung, ringsum der ewig gleiche Eishorizont, nach keiner Richtung hin ein Zeichen von Land. Wie lange werden wir noch so gegen Eis und Schnee ankämpfen können? Der Schnee ist bis zum Grunde naß und trägt die Hunde nicht mehr; die armen Teufel schwimmen beinahe im Eisschneebrei, und wir Männer waten bis zu den Knien darin. Wie sollen hier Geschöpfe ohne Flügel weiterkommen? Sehnsüchtig verfolge ich den Flug dreier Elfenbeinmöwen. Könnten sie uns Schwingen leihen! Daß man in einem solchen morschen, schlammigen, ausweglosen Trümmerfeld den Mut verliert, ist nur menschlich. Heute sind es drei Monate, daß wir die *Fram* verlassen haben. Seit einem Vierteljahr wandern wir in dieser Eiswüste umher und sehen kein Ende ab.

Sonntag, 16. Juni. Nein, schlimmer kann es nicht kommen. Mit dem Mute der Verzweiflung winden wir uns zwischen den Eisrücken hindurch. In dem frischgefallenen, losen, nassen und tiefen Schnee laufen die Schlitten fürchterlich schwer. Oft stecken sie, wenn wir anhalten, so fest, als ob sie angeleimt seien. Unter den Schneeschuhen ballt sich der Schnee zu dicken Klumpen. Man taumelt, stürzt, rafft sich auf, stampft weiter. Ohne Schneeschuhe in solchem Schnee dahinzuwaten, ist vollends unmöglich.

Unsere Hunde torkeln, ihre Beine scheinen gelähmt. Vier müssen wir töten. Jetzt habe ich beim Schlittenziehen nur noch Kaiphas, und Johansen hat Suggen. Es geht unsäglich schwer, nur Schritt für Schritt, und meist mühen wir uns zu zweit erst um den einen, dann um den anderen Schlitten. Ich träume im Gehen von festem Land, von Franz-Joseph-Land oder Spitzbergen. Wir werden also dort überwintern müssen, und da wir noch genug Munition besitzen, werden wir einen herrlichen Vorrat an Nahrung sammeln und ein üppiges Leben führen im Vergleich zu diesem Dasein hier auf dem Eis. Ich möchte die letzten Wochen nicht noch einmal erleben. Mir fällt ein Sprichwort ein: Die Nacht ist vor der Morgendämmerung am dunkelsten. Dunkler, als unsere Nacht jetzt ist, kann sie nicht werden. Unsere ganze Hoffnung ist der Sommer.

Donnerstag, 20. Juni. Das Dasein ist düster. Im Augenblick haben wir keine Aussicht weiterzukommen: ungangbares Packeis in jeder Richtung. Ich habe die Rationen für uns und die beiden Hunde gekürzt. Wir wollen unser Leben so lange wie möglich fristen. Nun sind wir müde und hungrig vom Morgen bis zum Abend, vom Abend bis zum Morgen. Wir haben uns vorgenommen, alles zu schießen, was uns in den Weg kommt. Krabbentaucher fliegen in Scharen umher, aber sie sind arg klein und einen Schuß nicht wert. Es müßte ein Seehund sein!

Es ist neun Uhr vormittags, und wir haben eben gewaltig gefrühstückt! Nichts von 50 g Brot und 50 g Pemmikan! Dafür aber Seehundfleisch, Seehundleber, Seehundspeck und Seehundsuppe!

Wir schreiben den 22. Juni. Hier liege ich am Rande eines großen Teichs und schwelge in lichten Träumen. Das Leben ist wieder Sonnenschein! Welch kleinen Zufall braucht es, um das Aussehen der Dinge zu verändern! Gestern und die letzten Tage war alles düster und traurig, alles schien hoffnungslos. Da hält uns auf dem Marsch ein Teich auf, und während wir mit den Kajaks darüberrudern, kommt ganz zufällig ein Seehund empor und tummelt sich um uns. Johansen gibt ihm eine Kugel; das Tier treibt, und ich kann es harpunieren. Nun haben wir für länger als einen Monat Nahrung und Brennstoff. Wir brauchen uns nicht mehr zu beeilen, wir können uns niederlassen und bessere Reisezeit abwarten. Wir haben uns beim Frühstück richtig vollgegessen. Zugegeben: wir haben schon manchen Tag Hunger gelitten.

Für den Augenblick können wir nun nichts Vernünftigeres tun als bleiben, wo wir sind, von unserem Fang leben, ohne den Proviant auf den Schlitten anzurühren, und so die Zeit abwarten, bis sich das Eis mehr lockert oder der Weg sich bessert. Inzwischen wollen wir die Kajaks wasserdicht machen und unsere Habe um die entbehrlichen Dinge erleichtern.

Sonntag, 23. Juni. Wir kochen und braten Seehundspeck, essen Seehundfleisch, bis uns der Tran vom Munde tropft. Gut schmeckt das Seehundfleisch, wir gewinnen es von Tag zu Tag lieber. Den Speck finde ich roh wie gebraten ausgezeichnet, er ersetzt die Butter. Zum Abendbrot bereitete ich heute Pfannkuchen aus Seehundblut, in Speck gebraten; sie gerieten so vorzüglich, daß Johansen sie für ersten Rangs erklärte, von meiner eigenen Überzeugung gar nicht zu reden.

Mittwoch, 3. Juli 1895. Wir sitzen und warten, daß der Schnee schmilzt. Es ist so warm, daß wir im Zelt schwitzen. Was habe ich diesen Blättern anzuvertrauen? Nichts als dieselbe überwältigende Sehnsucht, aus diesem glänzenden, blendenden Eis, aus dieser weißen Einförmigkeit herauszukommen. Der Horizont im Süden ist klar, aber ich spähe vergeblich nach Land aus. Ich begreife es nicht. Seit zwei Monaten warten wir auf den Augenblick, daß wir am Horizont festes Land auftauchen sehen.

Sonnabend, 6. Juli. Ein Grad Wärme. Regen! Endlich, nach 14 Tagen, scheinen wir das Wetter zu bekommen, auf das wir gewartet haben. Es hat die ganze Nacht geregnet und hält auch jetzt noch an, echter, tüchtiger Regen. Nun wird sich dieser ewige Schnee hoffentlich davonmachen; er ist so weich und lose wie Schaum. Wenn der Regen nur eine Woche anhalten wollte!

Mittwoch, 17. Juli. Wir sind noch immer im „Sehnsuchtslager", und die Tage schleppen sich hin. Wir sind nicht faul gewesen. Wir haben die Kajaks mit Ruß und Tran angestrichen und gedichtet. Wir haben Seehundfleisch in dünne Streifen geschnitten und zum Trocknen aufgehängt; das ergibt Proviant für die Weiterfahrt. Ferner haben wir unsere Ausrüstung gründlich durchgemustert und alle überflüssigen Dinge auf einen Haufen geschichtet: Tauwerk, Säcke, Werkzeuge, Segeltuch, Finnenschuhe, Fausthandschuhe, Strümpfe, Gazebinden, Gipsverbände, Bratpfanne, Schmelzapparat, und obenauf liegt unser alter Freund, der schwere Schlafsack, dem wir hier Lebewohl sagen.

Jeden Tag habe ich Rundgänge auf dem Eis unternommen, um nachzusehen, ob der Schnee abgenommen hat. Der wohltätige Regen hat in der Tat eine beträchtliche Menge getilgt. Wir haben noch zwei, drei Tage zu tun, um das vom Seewasser durchweichte Brot sorgfältig zu trocknen und unsere Strümpfe zu flicken. Dann werden wir uns auf den Weg machen.

Endlich Land!

Dienstag, 23. Juli. Gottlob, wir sind wieder unterwegs! Das Eis ist zwar nicht eben, aber die Schlitten sind leicht. Alles geht wie im Tanz.

Mittwoch, 24. Juli 1895. Endlich hat sich das Wunder ereignet. Land, Land, nachdem wir unseren Glauben daran schon beinahe aufgegeben hatten! Nach fast zwei Jahren sehen wir es über die weiße Linie des Horizonts wieder aufsteigen. Wie lange hat dieses Land unsere Träume heimgesucht, und nun kommt es wie eine Vision, wie ein Feenland! Schneeweiß wölbt es sich über dem Horizont wie ferne Wolken, von denen man fürchtet, daß sie im nächsten Augenblick verschwinden. Nun verlassen wir das Eis und lassen keine Spur zurück; denn die Fährte unserer kleinen Karawane über die furchtbaren Trümmerebenen des Polareises vergeht. Ein neues Leben beginnt für uns.

Sonnabend, 27. Juli. Wir haben uns aus unseren wollenen Decken eine Art Schlafsack hergestellt, aber eine behagliche Nachtruhe erzielen wir damit nicht. Erst haben wir auf dem Eis gelegen, dann auf den Schneeschuhen; das ist hart und nicht bequem. Oh, wir wissen, was ein richtiges, gutes, warmes Bett wert ist!

Dienstag, 30. Juli. Offenbar habe ich mir bei dem Nachtlager auf nacktem Eis einen Hexenschuß geholt. Unter großen Schmerzen und nur mit Aufbietung meiner ganzen Willenskraft schleppte ich mich gestern weiter. An schwierigen Stellen mußte Johansen mir und meinem Schlitten forthelfen. Wir waren neun Stunden gegangen; des Regens wegen lagerten wir dann schon am Nachmittag. Er durchnäßte uns gründlich, und das war übel genug; denn wir besitzen keine Kleider zum Wechseln.

Es gießt in Strömen; wir hocken im Zelt und warten auf besseres Wetter. Unter uns bilden sich Pfützen, und unser Ersatzschlafsack ist auf der Unterseite durchgeweicht.

Mittwoch, 31. Juli. Das Eis ist nahezu ungangbar; es wird dauernd gepreßt und derart zermahlen, daß die Rinnen voll von Schlammeis und kleinen Stücken sind. In solchem Wasser mit den Kajaks zu fahren, ist schlechterdings unmöglich. Mit der Suche nach sicheren Übergängen verlieren wir viel Zeit. Oft müssen wir uns eine solche Stelle erst schaffen, indem wir kleine Schollen zu einer Inselbrücke zusammenschieben. Johansen geht voraus und macht den Wegsucher. Mein Rücken schmerzt noch immer. Abends und morgens muß mir Johansen die Hosen aus- und anziehen, weil ich dazu nicht fähig bin. Er ist rührend aufopfernd und sorgt für mich, als ob ich ein kleiner Junge wäre. Der arme Kerl hat jetzt doppelt schwer zu arbeiten, und ich weiß nicht, wie es enden soll.

Sonntag, 4. August. Eis mit mehr Hindernissen als hier – ob es das wohl gibt? Wir tun unglaublich schwere Arbeit. Wir würden sie niemals leisten, wenn wir nicht müßten. Diese Rinnen machen verzweifelte Mühe. Oft müssen wir Hunderte von Metern weit nur auf Eisschlamm oder von Block zu Block treten und die Schlitten nachschleppen, in steter Gefahr, daß sie ins Wasser fallen. Johansen war gestern selber sehr nahe dran, jedoch gelang es ihm, wie bisher immer, sich zu retten. Suggen und Kaiphas fallen ständig hinein und nehmen ein Bad. Wir haben für unsere letzten treuen Tiere außer drei geschossenen Möwen und Eissturmvögeln kein Futter mehr. Gestern bekam jeder Hund nur ein kleines Stück Speck.

Über eins freue ich mich: mein Rücken ist fast wieder gut, so daß ich für Johansen kein Hemmschuh mehr bin. Jetzt habe ich einen Begriff davon, wie es sein würde, wenn einer von uns ernstlich erkrankte. Mir ist ungemein bange davor. Unser Schicksal wäre dann besiegelt.

Montag, 5. August. Mit Gewalt setzen wir unseren Marsch im grausigsten Eis fort. Zwei glückliche Begebenheiten habe ich zu verzeichnen. Erstens sind wir dem Land wahrhaftig nähergerückt und haben gestern offenes Wasser unter dem Gletscherrand am Land gesehen, und zweitens ist Johansen von einem Bären nicht aufgefressen worden.

Wir brachen morgens um sieben Uhr auf und wühlten uns durch das miserabelste Eis der Welt hindurch. Es war, als ob ein Riese ungeheure Blöcke kopfüber kopfunter herabgeschleudert und dazwischen nassen Schnee mit Wasser ausgeschüttet habe. Es war eine Quälerei über Berg und Tal, durch Spalten und Tümpel, auf und nieder über Block hinter Block, über Rücken hinter Rücken; dazwischen keine freie Stelle, groß genug, um nur das Zelt aufzuschlagen. Dazu herrschte dicker Nebel.

Nach einem erschöpfenden Marsch erreichen wir eine Rinne, die mit den Kajaks überquert werden mußte. Wir säuberten den Rinnenrand von Schlammeis, dann zog ich meinen Schlitten bis zum Rand und hielt ihn fest, um zu verhüten, daß er ins Wasser abglitt. Plötzlich wurde es hinter mir lebendig. Johansen schrie: „Schnell, die Büchse!" Ich drehe mich um und erblicke einen starken Bären, der sich gerade auf Johansen wirft. Ich greife nach meiner Büchse, die – im Futteral! – auf dem Verdeck des Bootes liegt; allein, in diesem Augenblick rutscht das Kajak ins Wasser. Mein erster Gedanke ist, mich ebenfalls ins Wasser und über das Kajak zu werfen und von dort aus zu schießen, ich sehe aber ein, daß es gefährlich ist. Ich versuche daher, das schwerbeladene Kajak geschwind auf den hohen Eisrand zurückzuholen, und liege dabei ziehend und zerrend auf den Knien, um die Büchse zu fassen. Ich habe keine Zeit, mich umzublicken und zu sehen, was hinter mir vorgeht, als ich Johansen sehr ruhig sagen höre: „Schieß schnell, wenn es nicht zu spät sein soll!" Wie ich mich beeilte! Schon hatte ich das Schaftende erfaßt, zog die Büchse heraus, drehte mich sitzend herum und spannte im Nu den Hahn des Schrotlaufs. Der Bär stand keine zwei Meter entfernt, bereit, Kaiphas ein Ende zu machen. Blitzschnell jagte ich dem riesigen Tier eine Schrotladung hinter das Ohr und streckte es tot nieder.

Der Bär mußte wie eine Katze unserer Fährte gefolgt sein und sich, von den Eisblöcken verdeckt, herangeschlichen haben, während wir die Rinne vom Eis gesäubert und ihm den Rücken zugedreht hatten. Indes Johansen zurückging und sich bückte, um die Zugleine aufzunehmen, hatte er am Ende des Kajaks ein Tier kauern sehen, aber geglaubt, daß es Suggen sei. Ehe er noch Zeit fand, recht zu begreifen, daß das Tier dazu zu groß war, hatte er einen Schlag hinter das rechte Ohr bekommen, daß ihm die Funken aus den Augen stoben, und war dann auf den Rücken gefallen. Er suchte sich so gut wie möglich mit den Händen zu wehren; mit der einen Hand packte er das Tier bei der Kehle und drückte sie mit aller Kraft zu. Gerade als ihn der Bär in den Kopf beißen wollte, hatte Johansen gerufen: „Schieß schnell!" Der Bär hatte fortwährend zu mir geblickt und ohne Zweifel darüber nachgedacht, was ich wohl tat. Dann aber hatte er den Hund wahrgenommen und sich gegen ihn gewandt. Schnell wie der Gedanke hatte Johansen losgelassen und war fortgekrochen. Der Bär versetzte Suggen einen Schlag, der den Hund ebenso kräftig aufheulen ließ, als wenn er von uns Prügel bekommen hätte. Dann hatte Kaiphas einen Klaps auf die Nase erhalten. Inzwischen war Johansen auf den Beinen und bei seiner Büchse, die aus dem Kajak herausragte. Dann schoß ich. Der einzige angerichtete Schaden bestand darin, daß der Bär Johansen etwas Schmutz von der rechten Backe abgekratzt hatte, so daß man dort einen weißen Streifen sah; und Kaiphas hatte eine Schramme an der Nase.

Nachdem wir den Bären zerteilt, die Hunde tüchtig gefüttert, selbst etwas rohes Fleisch verzehrt und die Schinken in den Kajaks verstaut hatten, fuhren wir über die Rinne und setzten unseren Weg fort.

Mittwoch, 7. August. Noch stehen wir nicht auf Land, aber wir sehen es jetzt greifbar nahe, den Gletscher und die schwarzen Basaltfelsen. Noch trennt uns von ihm ein Stück des offenen Meeres.

Als wir zum letzten Tagesmarsch aufbrachen, sahen wir den Gletscher, unseren Richtungspunkt seit Tagen, nun klar vor uns, und wir wußten, daß es bis dahin nicht mehr weit sein konnte. Da kam Leben in uns! Wir spannten uns vor die Schlitten, nahmen einen Anlauf, und fort ging es durch Schnee und Wasser, über Hügel und Ketten.

Mit Riesenschritten mußten wir uns jetzt dem offenen Wasser, dem Meer nähern. Ganz sicher trieben sich auf unserm Kurs Bären in Menge herum; wir sahen ihre Fährten, die kreuz und quer liefen, aber wir nahmen keine Notiz davon.

So stand ich nun hoch aufatmend am Rande des Eises. Vor mir lag die dunkle Meeresfläche mit weißen treibenden Eisschollen, und jenseits des Wassers stieg die Gletscherwand jäh empor. Ich winkte Johansen, der ein Stück zurück war; er schwenkte seinen Hut und schrie hurra! Unsere Freude war unbeschreiblich und in Worten nicht auszudrücken. Hinter uns lagen jetzt alle Sorgen, vor uns hatten wir das freie Meer, den Weg in die Heimat.

Traurig war es, daß wir nicht daran denken konnten, Kaiphas und Suggen, unsere beiden letzten Hunde, mitzunehmen. Wir hatten sie sehr liebgewonnen. Treu und ausdauernd hatten sie uns auf der ganzen Reise gedient, und nun, da bessere Zeiten anbrachen, war ihre letzte Stunde gekommen. Wir opferten eine Patrone für jeden. Ich erschoß Johansens Hund, er meinen.

Knud Rasmussen

Neue Menschen

Erste Begegnung mit Polareskimo

Das Ziel war erreicht! Aber unter uns befand sich ein totkranker Kamerad, dem wir nicht helfen konnten; die Menschen, welche wir hier in der Niederlassung von Kap York anzutreffen hofften, hatten bereits ihre Häuser verlassen. Ausgehungerte Hunde umkreisten uns mit wildem Gebell; aber wir fanden kaum Speise genug, um uns selbst satt zu essen.

Um unsere Schlitten zu erleichtern, hatten wir die Proviantkisten bei Kap Murdoch deponiert; einen wesentlichen Teil der Nahrungsmittel, welcher für die Reise nach dem Kap York berechnet gewesen war, fraßen die Hunde auf.

Die Hetzreise der zwei letzten Tage hatte unsere Kräfte sehr geschwächt; jetzt aber nahm uns das Neue, das wir sahen, derart gefangen, daß wir alle Müdigkeit vergaßen und hastig die primitive Niederlassung durchstöberten. Doch währte es nicht lange, so warfen wir uns auf unsre Schlitten und wurden alsbald vom Schlafe übermannt.

Die Ruhe, welche sich Reisende unter so kritischen Umständen erlauben, wird aber nie lange dauern. Bald erwachte wieder einer von uns und weckte auch die Kameraden aus dem Schlafe.

Eine nähere Untersuchung der Schneehütten ergab nun, daß sie die Bewohner noch nicht lange verlassen haben konnten. So lag in einer von ihnen ein ungeflenster Seehund, der unserer Meute zum höchst willkommenen Schmause ward.

Viele Schlittenspuren liefen nach Norden und waren nur ganz leicht verwischt. Nicht weit von hier mußten also Menschen sein.

Da fiel mir eine Sage ein, welche ein alter Grönländer, als wir nordwärts ziehend ihn in Dänisch-Westgrönland besuchten, erzählt hatte. Er wußte wohl, daß weit oben im Norden Stammesgenossen wohnten; wo, war aber niemandem klar. Es war so weit weg! Und er berichtete uns folgende Sage aus seiner Kinderzeit:

„Es war einmal ein Mann, der wohnte nördlich von allen Niederlassungen. Jeden Frühling jagte er mit seinen Hundeschlitten Bären.

Einst traf er auf seiner Jagd eine Schlittenspur, welche von Fremden stammte, die er nicht kannte. Er entschloß sich daher, diese Menschen aufzusuchen und fuhr im folgenden Frühjahr zeitlicher als sonst auf seine Bärenjagd. Am dritten Tag kam er zu Häusern, die anders aussahen als diejenigen, welche er zu sehen gewohnt war. Menschen aber traf er keine; frische Spuren deuteten allein darauf hin, daß die Niederlassung erst vor kurzem verlassen worden war.

Als nun der Bärenjäger im nächsten Jahr wieder auszog, nahm er Holz als Gabe für die Fremden mit; da ihre Hausdächer mit Stoßzähnen von Narwalen gestützt waren, mußten sie an großem Holzmangel leiden.

Aber auch bei seinem zweiten Besuch glückte es ihm nicht, die Fremden anzutreffen. Wohl war die Spur der Weggezogenen noch frischer als das letztemal, allein er wagte es doch nicht, ihnen zu folgen und sich noch weiter von seiner Niederlassung zu entfernen. Er begnügte sich damit, das mitgebrachte Holz neben den Häusern in den Schnee zu stecken und daraufhin wieder peitschenknallend heimwärts zu fahren.

Im dritten Jahr rüstete er das beste Hundegespann, das er besaß, und früher, als es sonst seine Gewohnheit war, fuhr er nordwärts nach Bären und fremden Menschen. Als er die Niederlassung endlich erreichte, ging es ihm nicht besser wie vergangenes Mal: die Bewohner waren verreist; im Schnee aber, dort, wo er sein Holz zurückgelassen hatte, stak ein großer Bund Walroßzähne und im Hausgang lag eine schöne Hündin mit ihren Jungen. Das waren die Gegengaben der Fremden.

Er nahm nun alles auf seinen Schlitten und fuhr heim; jene Menschen aber, welche nördlicher als alle anderen wohnten, bekam er nie zu sehen!"

Nun führten, gerade wie damals, viele Schlittenspuren nordwärts und der Sage nach konnte es nicht so manchen Tag her sein, daß sie weggezogen waren.

Es war uns wunderlich und geheimnisvoll zugleich, durch die langen, niedrigen Hausgänge zu kriechen; wir konnten uns in den dicken Pelzen beinahe nicht hindurchzwängen. Am Ende angelangt, blieb man erst vor einem Loch stehen, durch welches man sich emporbohren mußte, um in das Innere des Hauses zu gelangen, wo einem sofort ein scharfer Geruch von Fleisch und Füchsen entgegenschlug.

Wenn man das erstemal eine solche Wohnung betritt, so ist man überrascht, zu sehen, mit wie wenigem sich der Mensch behelfen kann. Alles ist so primitiv, daß es förmlich nach Heidentum und Geistergesängen duftet. Unwillkürlich denkt man sich diese in gewölbter Form kunstreich aus riesigen Steinen erbauten Höhlen mit halb übernatürlichen Wesen angefüllt. Man sieht sie im Geiste rohes Fleisch zerreißen, daß das Blut in dunkeln Bächen an ihnen herunterrieselt und wird von einer seltsamen Spannung vor dem Leben ergriffen, das uns nun bald mit diesen Leuten zusammenführen soll.

Wir gingen umher und schauten uns alle diese Dinge an, welche auf ihre stumme Art von den Menschen erzählten, die hier oben ihr abgesondertes Leben lebten. Ein Stück weit von den Häusern standen einige große runde Steine im Kreise herum, die von altem Specke glänzten. „Hier pflegten sie sicherlich zu essen", meinte einer unserer Grönländer. Die Phantasie flügelte. Weiter oben, unter einem Felsen, ruhte ein mit Steinen zugedeckter Kajak mit sämtlichen Gerätschaften. Dahinter ein Schlitten, dem tote, beinahe ganz zugeschneite Hunde vorgespannt waren. Hier lagen also Männer nach Eskimobrauch mit all ihrer Habe begraben.

Was wir auch sahen: alles war neu und nahm uns völlig gefangen. Endlich also befanden wir uns auf Polareskimoboden und unsre Freude, daß wir am Ziele waren, müßte übermächtig gewesen sein, wenn uns nicht dies furchtbare Unglück mit der Krankheit unsres Kameraden zugestoßen wäre.

Schlaff und fiebernd lag er da, konnte kein Glied rühren und mußte, wenn er essen sollte, wie ein kleines Kind gefüttert werden. Endlich kamen wir nach sorgenvoller Beratung überein, Mylius-Erichsen solle gemeinschaftlich mit den beiden Robbenfängern bei dem Kranken zurückbleiben, während Jörgen Brönlund und ich mit unsern ziemlich ausgehungerten Hunden so rasch wie möglich gen Norden fahren würden, um Menschen und Hilfe zu suchen. Wir nahmen an, daß wir vierundsechzig englische Meilen vom Kap York bei Saunders Island auf Menschen stoßen müßten; wenn nicht, so doch sicherlich etwa vierzig Meilen nördlicher bei Netsilivik. Der ganze Proviant, den wir mitnehmen konnten, bestand aus etwas Biskuit und einer Dose Butter. Im übrigen verließen wir uns auf unsere Büchsen.

Unsere Robbenfänger waren auf Fang ausgezogen und wir warteten mit der Abreise, bis sie – leider mit leeren Händen! – zurückkamen. Dann tranken wir etwas Kakao und fuhren der schönen Felsenküste entlang in die helle Sternennacht hinaus.

In der Nähe des Kap Atoll finden wir frische Schlittenspuren und folgen ihnen. Sie führen zu einem Dolmen unter einer steilen Klippenwand, wo als großes Depot ein frischgefangener bärtiger Seehund niedergelegt ist. Nun kann es also nicht mehr weit sein bis zu den Menschen! Welche Spannung! Gilt es doch sozusagen das Leben eines Kameraden. Wir waren die ganze Nacht, beinahe zwölf Stunden, durchgefahren; etwas weiter als Kap Atoll mußten wir haltmachen, um die Hunde verschnaufen zu lassen. Schon hatten wir sechsundfünfzig englische Meilen in raschem Laufe hinter uns und, falls wir noch bis nach Netsilivik fahren wollten, war es durchaus nötig, daß wir auf die leeren Hundemagen Rücksicht nahmen. Wir lagerten uns auf dem Eise, erörterten unsere Aussichten, verzehrten etwas Butter – die Biskuits mußten wir auf alle Fälle noch unberührt lassen –, legten uns sodann auf unsere Schlitten nieder und schliefen todmüde ein.

Drei Stunden später geht es weiter. Kaum sind wir ein kleines Stück gefahren, so wird ein schwarzes Pünktchen vor uns sichtbar. Es wächst und wird zu einem Schlitten.

Jörgen! Knud! – Jörgen! Knud! wir sind beide wie närrisch und können uns nur noch unsere Namen zurufen.

Galoppsignal. Verwundert lassen die Hunde die Schwänze fallen und spitzen die Ohren. Noch einmal ein rascher Ruf und schon wirbelt der Schnee hinter ihren Beinen empor. Ein kalter Wind fährt uns beißend um die Nase. Endlich! Endlich Menschen! Andre Menschen, Polareskimo!

Ein langer, schlanker Schlitten kommt uns entgegengefahren. Eine lange Peitsche schwirrt durch die Luft. Wunderliche Hundesignale ertönen. Ein kleiner, pelzbekleideter Mann in einem Paar schimmernd weißer Bärenhosen springt von seinem Gefährt und läuft gestikulierend der Meute nach, um sie zu tollem Laufe anzufeuern.

Hinter ihm sitzt rittlings ein in Blaufuchs gekleideter und mit einer großen spitzen Kapuze bedeckter Gespan: das ist seine Frau. Unsere Hunde beginnen zu bellen und unter Freudengeheul treffen die Schlitten zusammen. Wir springen ab, laufen aufeinander zu, bleiben stehen und starren uns gegenseitig ins Gesicht. Vor Aufregung und Erstaunen können wir beide nichts sprechen.

Ich erkläre ihm, wer wir sind und woher wir kommen.

„Weiße Männer! Weiße Männer!" ruft er seiner Frau zu. „Wir bekommen Besuch von weißen Männern!"

Wir verstehen einander ohne Schwierigkeiten. Ich gehe der Frau entgegen, die auf dem Schlitten sitzen geblieben ist. Seltsam bewegt, weiß ich nicht, was ich ihr sagen soll und reiche ihr, ohne zu denken, was ich tue, die Hand. Sie schaut mich an, begreift nicht, was ich will und lacht. Und plötzlich beginnen wir alle laut aufzulachen.

Der Mann hieß Maisanguark (Haut des kleinen weißen Wals), seine Frau Mekro (die Feder); sie wohnten in Igfigssork, zwölf bis sechzehn englische Meilen südlich von unserm Begegnungsorte.

So waren wir also in unserm Eifer, möglichst rasch Agpat (Saunders Island) zu erreichen, um die Bucht, in welcher Igfigssork lag, herumgefahren. Der Schnee über dem Eise drang hart um die Mündung der Bucht, so daß wir keine Spuren sahen, die uns dorthin geleitet hätten.

Da wir jedoch gleichzeitig erfuhren, daß weit mehr Menschen in Agpat wohnten und daß dort die Jagdverhältnisse besonders günstige seien, entschloß ich mich, dorthin zu fahren und meinen zurückgebliebenen Kameraden per Schlittenpost dasselbe anzuraten.

Maisanguark setzte sich behende auf meinen Schlitten hinüber, während die Frau sein Gespann lenkte. So steuerten wir alle eiligst und unter lebhaftesten Gesprächen Agpat zu, obgleich die beiden eigentlich heimwärts fahren wollten.

Mekro war ein tüchtiger Hundekutscher und wußte mit der langen Peitsche so gut wie irgend ein Mann zu hantieren. Da man in Westgrönland nie eine Frau lenken sieht, sprach ich darüber meine Verwunderung aus. Maisanguark lachte froh und stolz auf und rief ihr hinüber, sie solle tüchtig draufloshauen, da es dem weißen Manne Spaß mache.

„Tugto! Tugto!" rief Mekro, um die Meute vorwärts zu hetzen und wir jagten in toller Fahrt über die blanke Fläche und hielten einen schönen Einzug auf der hohen Agpatinsel.

Unterwegs erzählte mir Maisanguark, daß „viele" Menschen in Agpat wohnen, drei Steinhäuser und fünf Schneehütten wären dort und jedesmal brach er in ein übermütiges Gelächter aus, wenn er an die Überraschung dachte, deren er nun Zeuge werden sollte.

„Weiße Männer! Weiße Männer!" rief er jedesmal, wenn eine kleine Pause entstand und rieb sich dabei vergnügt die Hände. Plötzlich schweigt er, lauscht, springt auf meinem Schlitten empor und sieht zurück. Ein gutes Stück hinter uns ist ein anderes Gefährt aufgetaucht.

„Aulavte! Aulavte!" ruft nun Maisanguark. Das ist ihr Haltesignal. Allein meine Hunde verstehen ihn nicht und ich muß mit meinem Pfiffe nachhelfen.

Jetzt springt der Eskimo zur Seite und beginnt, indem er sich zugleich in die Hüften klatscht, in die Höhe zu hüpfen. Sein Kopf wurde ganz rot vor Aufregung. Das bedeutete, daß etwas Ungewöhnliches bevorstand. Inzwischen kam der fremde Schlitten auf uns zugefahren. Als er in unsrer Nähe war, sprangen zwei junge Burschen ab und liefen johlend nebenher. Auch Maisanguark begann jetzt wie ein Wahnwitziger zu heulen und weiterzuzappeln.

Endlich hielt der Schlitten an unsrer Seite. Die zwei jungen Männer hießen Krulutana und Inukitsork. Vor allem mußten sie natürlich wissen, wer wir waren, und Maisanguark erstattete Bericht. Darauf fuhr die ganze Karawane unter Lachen und Geschrei Agpat zu.

Nie habe ich mich in so seltsam wilder Umgebung, nie so weit von daheim gefühlt, wie nun, da ich inmitten eines Schwarmes lärmender Polareskimo an der Agpatküste stand. Man hatte uns erst ganz in der Nähe des Landes entdeckt; desto größer war natürlich die Verwirrung und Überraschung.

Als wir uns in Rufweite des Ortes befanden, begann Maisanguark von neuem zu zappeln und schrie ein ohrenbetäubendes: „Weiße Männer! Weiße Männer!"

Die Leute zwischen den Häusern starrten nun plötzlich still und die Kinder hielten in ihren Spielen inne.

„Weiße Männer! Weiße Männer!" jubelten nun auch die jungen Burschen, die sich uns angeschlossen hatten.

Unsre Hunde zogen die Schwänze ein und spitzten die Ohren, als vom Lande ein vielstimmiges Gebrüll herüberscholl. Jetzt stürzte sich der ganze Schwarm lawinenartig der Küste zu, wo wir haltgemacht hatten. Ein paar alte, grauhaarige Männer, steifbeinige, verhutzelte Weiber, junge Männer, Frauen und Kinder, die kaum gehen konnten – alle in jene Fuchs- und Bärenpelze gekleidet, welche auf den ersten Blick einen so seltsam barbarischen Eindruck erregen. Einige kamen mit langen Messern zwischen den Zähnen, mit blutigen Händen und aufgekrempelten Ärmeln: sie waren just am Flensen gewesen. All dies sah so wild und unheimlich aus, daß man sich kaum vorstellen konnte, wie diese unbändigen Menschen – „die Nachbarn des Nordpols", wie Astrup sie nannte – dereinst unsre guten Freunde werden sollten.

Die Hunde wurden abgespannt und gleich mit dem reichlich vorhandenen Fleisch gefüttert. Diese Menschen litten keine Not, das sah man sofort.

Wenn man in Dänisch-Westgrönland in eine Niederlassung kommt, so ist es üblich, daß die jungen Weiber dem Ankommenden aus seinen Überkleidern helfen. Einen Augenblick vergaß ich nun, wo ich war, und streckte nach Grönländerart meinen Fuß einem neben mir stehenden jungen Mädchen entgegen, damit es mir meine Überstiefel ausziehe. Es wurde verlegen und schlug die Augen nieder; die Männer lachten. Über ihrer Verschämtheit lag jenes reizend Sprachlose, das alle Naturkinder schön macht. Eine leichte Röte huschte wie Wellengekräusel eines blanken Bergsees über ihr Gesicht. Verlegen wandte sie sich von mir ab und ließ die nachtschwarzen Kinderaugen über das Eis schweifen.

„Wie heißest du?"

„Andre werden dir meinen Namen nennen!" stammelte sie.

„Aininârk heißt sie!" antworteten die Umstehenden lachend.

Ein alter, jovialer Hausvater trat auf sie zu und sagte:

„Tu, was der fremde Mann von dir erbittet!" Und sogleich bückte sie sich und zog mir die Stiefel aus.

„Laßt mich zu ihm, macht Platz!" rief jetzt ein altes Weib aus der Menge, schob die Leute beiseite und bohrte sich bis zu meinem Schlitten durch.

„Das war meine Tochter, mit der du sprachst", begann sie eifrig und schloß mit einem lustigen Rollen ihrer kleinen, selbstbewußten Äuglein: „Gelt, sie ist recht hübsch?"

Die junge Aininârk aber glitt still aus dem Haufen der Neugierigen heraus und versteckte sich. Erst später erfuhr ich, daß meine Aufforderung als Werbung angesehen worden war.

Jörgensen und ich wurden nun zu den Häusern hinaufgeführt. Ringsum waren Schneemauern erbaut, in deren Ring die Eingeborenen sich versammelten und kochten. Ein junger Bursche schleppte eine rohe, gefrorene Walroßleber herbei. Das wurde unsre erste Mahlzeit.

Nachdem der erste Topf vollgekocht war, wurden wir zum Ältesten des Stammes, dem Geisterbeschwörer Sagdlork (die Lüge), gerufen; das Fleisch legte man auf den Boden und gab uns ein Messer in die Hand.

Nun kam ein lebhaftes Gespräch in Gang. Ihre Sprache war nicht schwer zu verstehen, denn sie wich nur wenig von dem gewöhnlichen Grönländerdialekt ab. Sie selbst waren äußerst erstaunt, daß wir, trotzdem wir so weit herkamen, so gut miteinander plaudern konnten.

Nach dem Mahle begannen sie, uns sofort eine Schneehütte zu bauen.

„Ihr habt einen Kranken in eurer Mitte und man muß euch deshalb so rasch wie möglich helfen!"

Aus dem Schnee wurden große Blöcke herausgeschnitten: das waren die Mauern unsres neuen Heimes. Nach Verlauf einer halben Stunde stand es fix und fertig da.

Ein Schlitten holte unsre Kameraden ab und bei Anbruch der Nacht waren wir alle versammelt.

Der Empfang durch diese Heiden war ein rührend herzlicher; so wie sie sich gleich bei unsrer Ankunft zeigten: hilfreich über alle Maßen und freigebig bis zum letzten – so blieben sie unverändert die ganze lange Zeit hindurch.

Zur selben Zeit aber durchstreiften ein paar Bärenjäger den Distrikt südlich von Kap York. Sie hatten eine gute Jagd gehabt und fuhren nun, schwer mit Fleisch und Häuten beladen, langsam heimwärts. Sie sitzen im Halbschlaf versunken auf ihren Schlitten; die heiße Aprilsonne und das reiche Mahl hat sie schlaff und stumpf gemacht.

Da plötzlich erwacht der Vorderste der Karawane aus seinem Schlummer, weil seine Hunde gewaltig an den Strängen zerren und davonjagen. Schon beginnt er nach Bären zu spähen, als das Gespann unvermutet in seinem Lauf innehält und mit den Schnauzen in den Schnee fährt.

Der Kutscher bückt sich in der Erwartung, das Atemloch eines Seehundes zu finden. Plötzlich sperrt er die Augen auf, springt vom Schlitten und brüllt zu den ahnungslosen Kameraden zurück: „Spuren! Seht, seht, fremde Schlittenspuren!"

Die Männer kauern sich zusammen und untersuchen lange und wortlos das Unbegreifliche. Einige messen die Fußspuren an ihren eigenen und finden heraus, daß die Fremden viel größer sein müssen als sie selbst. Die Spur der Schlitten ist ungefähr dreimal so breit wie die der ihrigen.

„Riesenspuren!" murmelt endlich einer von ihnen.

„Ja, Spuren von gewaltigen Schlitten und großen Männern!" bestätigen die Andern.

„Und sie sind von Süden gekommen! Von Süden! Nie fuhr ein Schlitten von Süden zu uns!"

„Und die Fährten gehen in der Richtung von Kap York!"

Bange Ahnungen ergriffen die Bärenjäger; wer konnten wohl diese Fremden sein? Freunde oder Feinde? Die Erzählungen der südlichen Stämme waren nicht ermutigend. Die Sage berichtete, es wären Totschläger. Wehe den Frauen und Kindern zu Hause! Eine Tagesreise war's noch, bis sie Kap York erreichen konnten. Rasch leiteten sie ihre Hunde auf die Spur und hetzten sie zu toller Fahrt an.

Das Erste, was sie von den menschenleeren Niederlassungen sahen, war der Tummelplatz unsrer Hunde, welche wir, im Gegensatz zu den Polareskimo, frei gelassen hatten. Sie brachen in ein Haus ein, fraßen den Seehund und die blutigen Spuren dieses Mahles erschreckten die heimkehrenden Bärenjäger aufs tiefste. Alles in der Hütte war in wildester Unordnung. Das deutete nicht auf freundschaftliche Gefühle der Fremden.

Im Laufe des Abends setzten sie die Reise fort. Die Hunde waren müde und trabten langsam vorwärts.

Mitten in der Nacht kamen sie um den Landvorsprung von Igfigssork herumgefahren, wo ihre Leute wohnten. Als sie noch weit draußen auf dem Eise waren, stürzten ihnen schon sämtliche Kinder der Niederlassung entgegen und warfen sich unter schwerem Keuchen auf die Schlitten:

„Weiße Männer sind gekommen, weiße Männer!"

Schlittenhunde und Schlittenführer.

Linke Seite:
Das Hundegespann bewegt sich auf dem flachen Meereis zwischen festgefrorenen Eisbergen.

Oben:
Oft läuft sich der Schlittenführer neben seinem Gespann warm.

In wenigen Minuten ist das Nachtlager über den Schlitten aufgebaut. Die Schlitten selbst dienen, mit Rentierfellen belegt, als Bett.

Mitternachtssonne in Thule.

Knud Rasmussen

NEUE MENSCHEN

Der alte Bärenjäger

Als an einem Frühlingstage wie gewohnt der Sturm unser Zelt peitschte und dichter Schnee in die Spalten hereinwirbelte, hörten wir seltsame Laute aus der Nachbarhütte: eine Menge Menschen überschrien sich gegenseitig und heitere Lachsalven kollerten durch die weiße Winterebene. Mitten durch den Lärm drang in sicherem, schleppendem Tempo, ohne sich durch irgend etwas stören zu lassen, ein monotoner, dumpfer Gesang.

Bei Sorkrarks wurde ein Gesangsfest abgehalten. Man schickte ein paar kleine Jungens zu uns herüber, wir sollten mitmachen, und bald lagen wir zwischen den halbnackten Männern und Weibern auf den weichen Bärenfellen der Pritsche.

Zwei Männer, Majark und Ilanguark, übten den gewöhnlichen Wechselgesang, dieses eskimoische „Lied ohne Worte". Sie waren etwas in die Knie gesunken, hielten den Oberkörper vornübergeneigt und ließen mit geschlossenen Augen ihren Kopf unter beständigen Windungen des Unterleibes und unter mühsamem Kniebeugen hin und her baumeln. Begleitet wurde dieser absonderliche Bauchtanz von dumpfem Wirbeln auf einer kleinen Felltrommel, welche derjenige schlug, der diesen Gesang leitete. Sein Widerpart stand aufrecht vor ihm und sang bewegungslos und starr. Zum Schluß streckte er dem Sänger einen Bolzen, welchen er zwischen zwei Fingern hielt, geradewegs ins Gesicht und brach die Melodie unter gellen Mißlauten ab.

Die Melodien selbst stellen wohl die denkbar primitivste Gesangsform dar. Sie umfassen fünf bis sechs Töne, die man aber ins Unendliche ziehen kann. Der Unterschied zwischen den Melodien ist so unbedeutend, daß es schon ein sehr scharfes Ohr braucht, um ihn zu erfassen. Textworte sind, solange der selbsterfundene Gesang nur zur Unterhaltung dient, überflüssig; sie werden erst bei Geisterbeschwörungen zusammengestellt.

Majark sang. Grelles Licht drang durch den dünnen Darmhautvorhang herein und huschte auf das hübsche Gesicht des Sängers, das, schmal und scharf, von langen Haaren umrahmt, weit eher demjenigen eines Zigeuners als eines Eskimo glich.

Majark sah, hörte und spürte nichts mehr, er sang bloß noch. Die Leute auf der Pritsche verstummten und ein Weib nach dem andern begann mit hohem, pfeifendem Sopran einzusetzen. Der Chor wuchs ständig an Stärke und Hingabe.

Diese Musik wurde uns trotz ihrer Schlichtheit zum Erlebnis.

Selbst hier oben, in diesem Lande der Eisbären, Walrosse und Polarfüchse, war sie also ein Lebensbedürfnis und eine Leidenschaft und ich gewann die Menschen doppelt lieb, welche sich in ihrer rührenden Kindlichkeit Tage und Monate damit ihre dunkle Zeit zu vertreiben wußten.

Später lud Sorkrark, der greise Wirt, seine Gäste zu einem Mahle aus faulem, rohgefrorenem Walroßfleisch ein, das als eine der größten Delikatessen gilt, die man Freunden anbieten kann. Es ist nämlich gar nicht so leicht, sich dort oben, selbst in der besten Sommerszeit, bei so niedrigen Wärmegraden verdorbenes Fleisch zu verschaffen. Hat man sich an den Geschmack gewöhnt, so empfand man dieses „issuangnerk" nach all den frischen Speisen wirklich als sehr willkommene Abwechslung.

Sorkrark, „die Walbarte", stand mitten auf der Diele und hieb eine ganze Walroßseite mit einer Axt auf. Als alle mit einem ordentlichen Bissen versorgt waren, setzte er sich nieder und nun wurde stumm gegessen. „Reden und essen: – jedes zu seiner Zeit!" sagt der Eskimo und erst wenn der Magen zufrieden ist, kommen die Zungen an die Reihe.

„Die alte Barte" war anerkannt der beste Bärenjäger des Stammes, allein er erzählte nur sehr ungern Jagdgeschichten.

„Von Bärenjagden soll man nicht reden. Wenn die Gedanken Bären umkreisen, so soll man hinausziehen und sie erlegen. Aber daheim sitzen und von ihnen faseln, nein! das mögen alte Weiber tun; die schwatzen wie ein Bach. Wir Männer aber fahren eines schönen Tages mit unsern Händen hinaus, suchen einen Bären und legen sein Fleisch so schnell wie möglich in den Kochtopf. Mehr habe ich nicht zu sagen."

„Zeig' deinen Rücken, Sorkrark!" schlug einer der Jungen vor.

„Du redest wie ein Knabe!" erwiderte der Alte überlegen. „Hast du je eine holprige Eisklippe gesehen? So wird dein Rücken gewiß niemals ausschauen. Kein Bär würdigt dich einer Narbe!"

Und damit stand er auf und hieb neue Stücke Fleisches ab, die verteilt wurden.

Sorkrark war ein leidenschaftlicher Hundeliebhaber und ein sehr tüchtiger Züchter. Er hatte eine besondere Vorliebe für die schwarze Farbe und sich darin eine ungewöhnlich jagdeifrige Rasse erzogen. War er mit seiner Meute auf Bärenspuren, so vermochte ihm kein andrer zu folgen.

„Bärengeschichten erzähle ich nicht", sagte er endlich, als wir alle fertig gekaut hatten und stumm herumlagen, „aber ihr könnt erfahren, wie ich einst meinen Hund rächte.

Es war zur Zeit, da Finsternis und Kälte mit jedem Tagesgrauen wuchsen. Die Sonne war weggezogen und das Eis hatte sich eben gelegt. Da ist es für den, der gute Hunde besitzt, ein Spaß, Bären zu jagen, weil sie mit ihren halberwachsenen Jungen dem Robbenfang obliegen.

Zu jener Zeit also hetzte ich eines Tages meine Hunde auf eine Bärenspur. Bereits sandte die Finsternis ihre Ausläufer über den Himmel empor. Ich verfolgte die Fährte, als sie sich plötzlich in einer Eisklippenhöhle verlor. Die Zügel wurden gelöst und das ganze Gespann stürzte sich kläffend hinein. Allein unsre erhoffte Beute hatte sich in eine Ecke gepreßt und war unnahbar. Die Hunde konnten nicht über ihn herfallen. Schon dachte ich daran, sie zurückzurufen, als ich meinen Bas aufheulen hörte. Er war stets der Anführer der Meute und ergab sich nie. Einen Augenblick später kam er aus der Gruft heraus; er schleppte den zerfleischten Hinterkörper nach, sank wimmernd vor meinen Augen zusammen und starb. Der Bär hatte ihn mit seiner Tatze getroffen.

Nun aber sollte er selbst den Tod erleiden. Ich konnte meine lange Lanze in der Höhle nicht brauchen und mußte mich mit meinem Messer begnügen. Das nahm ich zwischen die Zähne und kroch hinein. Die Finsternis der Eisklippe ließ nichts unterscheiden, nur das Brummen des Bären war zu hören und das genügte mir. Langsam tastete ich mich vorwärts. Wie ich seinen warmen Atem spürte, kriegte ich etwas Weiches zu fassen und stieß mit aller Kraft das Messer nach oben. Tja – und da fiel etwas Schweres auf mich herab und ich brach besinnungslos zusammen.

Als ich wieder erwachte, kehrte mein erster Gedanke zu dem getöteten Bas zurück. Der Bär war weg und ich taumelte hinaus.

Richtig: dort saß er aufrecht auf dem Eise und nieste ununterbrochen. Dazu winkte er mit der einen Tatze merkwürdig zahm nach seinen Verfolgern hinüber. Er hielt den Kopf gesenkt und rotes Blut stürzte ihm aus der Nase – mein langes Messer stak quer in seiner Schnauze.

Nun stieß ich einen lauten Freudenruf aus: mein Hund war gerächt! und jagte dem großen Kerl die Lanze ins Herz.

Freilich fror bei der Heimfahrt in der kalten Winternacht mein blutiges Rückenfleisch an den Kleidern fest – aber bah, daran dachte ich bald nicht mehr!"

Robert E. Peary

DIE ENTDECKUNG DES NORDPOLS

Ehe ich die Geschichte unseres Vorstoßes vom Kap York wieder aufnehme, möchte ich ein Wort über die Eskimohunde sagen. Sie sind hervorragende Geschöpfe, denn ohne ihre Hilfe würden die Mühen der Expedition nie von Erfolg gekrönt worden sein. Es sind derbe, prächtige Tiere. Es mag größere Hunde geben, als sie, und hübschere – was ich freilich bezweifle. Andere Hunde mögen auch ebenso gut arbeiten oder ebenso schnell und weit laufen, wenn sie gut gefüttert sind, aber es gibt keinen Hund in der Welt, der so lange in niedrigsten Temperaturen ohne Nahrung arbeiten kann. Die männlichen Hunde wiegen durchschnittlich 34 bis 45 Kilogramm, aber ich hatte einen, der 56 Kilogramm wog. Die weiblichen sind etwas leichter. Ihre besonderen Merkmale sind: spitze Schnauze, große Breite zwischen den Augen, scharf gespitzte Ohren, sehr dickes, pelziges Fell, kräftige, stark muskulöse Beine und buschiger Schwanz, der Rute des Fuches ähnlich. Es gibt nur eine Rasse von Eskimohunden, aber sie sind verschieden gezeichnet, schwarz, weiß, grau, gelb, braun und gesprenkelt. Einige Gelehrte glauben, daß sie direkte Nachkommen des arktischen Wolfs seien. Jedoch sind sie in der Regel anhänglich und ihren Herren gehorsam, wie unsere Hunde zu Hause. Ihre Nahrung ist Fleisch und nur Fleisch. Sie können von anderer Nahrung nicht leben, wie ich bei verschiedenen Versuchen festgestellt habe. Statt Wasser zu saufen, fressen sie Schnee.

Die Hunde bleiben im Freien, gleichgültig, welche Jahreszeit es ist. Sommer wie Winter werden sie nahe bei dem Zelt oder Iglu irgendwo angebunden. Frei herumstreifen dürfen sie nicht, damit sie nicht fortlaufen. Manchmal wird ein besonderer Liebling oder eine Hündin, die Junge hat, zeitweise in das Iglu genommen. Sind die Kleinen aber nur einen Monat alt, so sind sie so hart, daß sie dem strengen Winterwetter standhalten können.

Wie eine Schlittenreise über das arktische Eis aussieht
Vielleicht wird es dazu beitragen, daß sich der Leser eine lebhaftere Anschauung von der Art Arbeit machen kann, die jetzt vor der Expedition lag und die die Expedition, wenn es möglich war, vollenden sollte, wenn ich mich bemühe, ihm eine genaue Vorstellung davon zu geben, was es heißt, mehr als 1500 Kilometer mit Hundeschlitten über die Eisgefilde des Polarmeeres zu reisen. Zu diesem Zweck werde ich so kurz als möglich die Bedingungen, welche uns entgegentraten, und die Mittel und Wege, durch die diese Bedingungen überwunden wurden, beschreiben.

Zwischen dem Winterquartier der „Roosevelt" bei Kap Sheridan und Kap Columbia, dem nördlichsten Punkt der Nordküste des Grantlandes, das ich als Ausgangspunkt für die Eisreise gewählt hatte, lagen 165 Kilometer in nordwestlicher Richtung, die wir über das Küsteneis und das Land hinweg durchmessen mußten, ehe wir auf die pfadlosen Eisfelder des Polarmeeres kamen.

Von Kap Columbia aus mußten wir dann 766 Kilometer über das Eis des Polarmeeres direkt nach Norden wandern. Manche Leute, die sich noch der glatten Schlittschuhbahnen ihrer Kindheit erinnern, stellen sich den arktischen Ozean als eine riesige Schlittschuhbahn vor mit ganz ebener Fläche, über die uns die Hunde lustig hinziehen. Wir sitzen dabei wohl gar mit Wärmflaschen auf dem Schlitten, um unsere Füße und Hände zu wärmen. Es wird sich zeigen, daß solche Vorstellungen recht weit von der Wahrheit entfernt sind.

Zwischen Kap Columbia und dem Nordpol gibt es nämlich kein Land und gibt es kein glattes und sogar sehr wenig ebenes Eis.

Nur die ersten Kilometer, nachdem wir das Land verlassen hatten, ging es sich gut, da wir hier auf dem Eisrand waren. Dieser Rand, der alle Buchten des nördlichen Grantlandes füllt und sich über dessen ganze Weite hinzieht, ist in Wirklichkeit eine Fortsetzung des Küsteneises. Zuweilen ist er kilometerbreit. Seine äußere Kante schwimmt stellenweise und hebt sich und fällt mit der Bewegung von Ebbe und

Flut. Aber es bewegt sich niemals als ein Körper, ausgenommen, wo große Eisfelder davon abbrechen und auf den Wassern des arktischen Ozeans davonschwimmen.

Jenseits dieses Eisrandes liegt dann die unbeschreibliche Oberfläche der Küsten-„Gasse" oder der Flutspalte, jene Zone unaufhörlichen Kampfes zwischen den schweren schwimmenden Eisfeldern und dem festsitzenden Eisrand. Diese Küsten-„Gasse" geht ständig auf und zu. Sie öffnet sich, wenn der Wind von der Küste her weht oder der Ebbestrom läuft; bei Nordwind, oder wenn die Flut aufläuft, schließt sie sich. Hier ist das Eis in Bruchstücke von jeder Größe zertrümmert und zu großen Pressungsgraten aufgehäuft, die parallel mit der Küste verlaufen.

Das Eis wird zu diesen Pressungsgraten zersplittert durch die fürchterliche und gar nicht auszudenkende Gewalt, mit der die von Norden heranschwimmenden Eisfelder gegen den Eisrand anrennen. Genau ebenso werden weiter draußen Pressungsgrate gebildet durch die Gewalt, mit der die großen Eisfelder infolge der Kraft des Windes und der Gezeiten gegeneinanderstoßen und dabei zersplittern.

Diese Pressungsgrate sind verschieden hoch, manchmal wenige Fuß, manchmal aber auch einige Ruten; breit sind sie von einigen Ruten bis zu mehreren hundert Metern. Die Eistrümmer, aus denen sie sich zusammensetzen, wechseln in der Größe von einem Billardball bis zu einem kleinen Hause.

Beim Überklettern solcher Pressungsgrate muß man seinen Weg so gut als möglich erzwingen. Oft muß dabei der Eispickel zur Hand genommen werden. Dann heißt es, die Hunde durch Peitsche und Zuruf anzufeuern, damit sie dem Führer folgen; auch gilt es, den mit fünf Zentnern belasteten Schlitten über Eisschollen und Böschungen zu heben, wobei einem manchmal fast die Muskeln von den Schulterblättern gezerrt werden.

Zwischen den Pressungsgraten liegen die alten Eisfelder, die mehr oder weniger eben sind. Diese Eisfelder werden, im Gegensatz zu weit verbreiteten irrtümlichen Anschauungen, nicht durch direktes Gefrieren des Meerwassers gebildet. Sie entstehen durch die großen Eisfelder, die von dem Eisrande von Grantland und Grönland und noch weiter westlich liegenden Gegenden abgebrochen und in das Polarmeer hineingetrieben sind. Diese Eisfelder sind zuweilen weniger als sechs Meter dick, manchmal aber auch mehr als dreißig Meter, und es gibt ihrer von allen Formen und Größen. Während des kurzen Sommers, werden große Eisfelder von den Gletschern abgelöst und unter dem Druck des Windes und der Gezeiten hierhin und dorthin getrieben; diese stoßen gegeneinander, zersplittern bei dem furchtbaren Zusammenstoß mit anderen großen Feldern, zermalmen das dünnere Eis dazwischen und zerschmettern seine Kanten, und die Trümmer werden zu Pressungsgraten aufgehäuft. Danach kann man sich wohl denken, daß die Oberfläche des Polarmeeres während des Winters von einer gar nicht auszudenkenden Unebenheit und Rauheit ist.

Mindestens neun Zehntel des Polarmeeres zwischen Kap Columbia und dem Pol besteht aus diesen Eisfeldern. Das letzte Zehntel, d.h. das Eis zwischen diesen Eisfeldern, wird durch das direkte Gefrieren des Meerwassers im Herbst und Winter gebildet. Dieses Eis ist wohl nie dicker als zweieinhalb oder drei Meter.

Das Wetter des Herbstes bestimmt zum großen Teil den Charakter, welchen die Eisoberfläche im Polarmeer während der folgenden Winterzeit zeigt. Haben in der Zeit, wenn die zunehmende Kälte die Eismassen langsam aneinander kittet, anhaltend nach dem Lande zu wehende Winde vorgeherrscht, dann wird das schwere Eis nach der Küste zu getrieben worden sein. Die Kanten der Eisfelder weiter draußen werden sich, wo sie mit anderen zusammengestoßen sind, mit einer Reihe von Pressungsgraten bedeckt haben, eine hinter der andern, und wer vom Lande aus nach Norden vordringt, muß über sie hinweg wie über eine Reihe von Hügeln.

Ist dagegen im Herbste, wo die Oberfläche des Polarmeeres zusammenfror, wenig Wind gewesen, so werden viele dieser großen Eisfelder von anderen Eisfeldern ähnlicher Größe und ähnlichen Charakters abgetrennt worden sein, und zwischen ihnen werden sich große Strecken von verhältnismäßig ebenem, jungem oder neuem Eis befinden. Vieles von diesem dünneren Eis wird freilich durch die Bewegung der schwereren Eisfelder aufgebrochen werden, wenn nach Beginn des Winters heftige Stürme einsetzen. Bleibt der Winter aber ruhig, so kann dieses ebenere Eis auch bis zum allgemeinen Eisgang im folgenden Sommer vorhalten.

Aber die oben beschriebenen Pressungsgrate sind nicht die schlimmsten Gefahren des arktischen Eises. Weit lästiger und gefährlicher sind die „Gassen" – wie die Walfischfänger schmale Rinnen von offenem Wasser nennen. Diese „Gassen" bilden sich durch die Bewegung des Eises unter der Pressung von Wind und Gezeiten. Sie sind der immer gegenwärtige Nachtmahr des Forschungsreisenden, der über die Eisfelder des Polarmeeres dahin zieht – bei der Hinreise wegen der Furcht, sie möchten weiteres Vordringen verhindern, auf dem Rückmarsch wegen der Furcht, sie möchten ihn von Land und Leben abschneiden, da er an der nördlichen Seite verhungern muß. Ihr Auftreten oder Nichtauftreten kann man weder berechnen noch ahnen. Ohne irgendein Warnungszeichen tun sie sich plötzlich dicht vor uns auf und folgen dabei keiner erkennbaren Regel oder einem Naturgesetz. Sie sind die große Unbekannte der Polargleichung.

Zuweilen sind diese „Gassen" nur Spalten, die in fast gerader Linie durch alte Eisfelder gehen. Zuweilen sind es aber auch Zick-Zack-Bänder offenen Wassers, die gerade breit genug sind, daß man unmöglich hinüber kann. Gelegentlich sind es auch ein bis drei Kilometer breite Ströme, die nach Ost und West hinstreichen, weiter als das Auge reicht.

Es gibt verschiedene Wege, über solch eine „Gasse" hinüberzukommen. Man kann nach rechts oder nach links marschieren, in der Hoffnung eine Stelle zu finden, wo die gegenüberliegenden Eiskanten einander nahe genug sind, daß unsere langen Schlitten hinübergeschoben werden können. Sind Anzeichen vorhanden, daß die „Gasse" sich schließen will, so kann der Reisende auch warten, bis das Eis ganz zusammenkommt. Ist es sehr kalt und ist das Wasser still genug, um frieren zu können, so kann man warten, bis das Eis so dick geworden ist, daß es die in voller Geschwindigkeit dahinziehenden beladenen Schlitten tragen kann. Oder aber man kann auch eine Eisscholle suchen oder eine solche mit Hilfe der Eispickel absprengen, die als eine Art Fähre dienen kann, auf der die Schlitten und Gespanne übergesetzt werden.

Aber alle diese Wege sind nicht gangbar, wenn die „Große Gasse", welche das Ende der kontinentalen Untiefe bezeichnet – d.h. die Stelle, wo diese in den arktischen Ozean hinabtaucht, ihren Rappel kriegt; dabei öffnet sie sich gerade weit genug, daß sich in der Mitte eine immerwährende Zone offenen Wassers oder ungangbaren jungen Eises bildet. So traf ich es bei meiner Hinreise im Jahre 1906 und bei dem unvergeßlichen Rückmarsch bei dieser Expedition, wo uns diese „Gasse" fast das Leben kostete.

Solch eine „Gasse" kann sich quer durch unser Lager hin öffnen oder auch quer durch eins der Schnee-Iglus, in denen wir auf der Oberfläche des Polarmeeres schlafen. Freilich – keine hat es getan.

Sollte es vorkommen, daß das Eis sich gerade unter der Bettstatt eines Iglu öffnet, so daß die Bewohner in das eisige Wasser hinunterfallen, dann werden diese übrigens nicht gleich ertrinken, weil die Luft in ihren Fellkleidern sie trägt.

Ein Mann, der bei solch einer Gelegenheit in das Wasser fiele, dürfte übrigens voraussichtlich in der Lage sein, auf das Eis zu klettern und sich zu retten. Wenn das Thermometer aber 45 Grad Celsius unter Null ist, so dürfte solch ein Fall nicht zu den Annehmlichkeiten des Lebens gehören.

Dies ist der Grund, weshalb ich nie einen Schlafsack benutzt habe, sobald ich auf dem Polareise war. Ich möchte gern meine Arme und Beine frei haben und jeden Augenblick gegen plötzlich eintretende Ereignisse gewappnet sein. Sobald ich auf dem Meereise bin, lege ich mich nie schlafen, ohne meine Handschuhe anzuziehen, und wenn ich meine Arme in die Muffen hineinziehe, so ziehe ich die Handschuhe auch mit hinein, damit ich jeden Augenblick zugreifen kann. Welche Aussicht, sein Leben zu erhalten, würde auch ein Mann in einem Schlafsack haben, wenn er plötzlich aufwacht und findet, daß er ins Wasser gefallen ist?

Die Schwierigkeiten und Fährnisse einer Forschungsreise nach dem Nordpol sind zu verwickelt, um in wenigen Worten aufgezählt zu werden. Ich will nur die schlimmsten anführen. Da ist zunächst das rauhe und bergige Eis, über das der Forschungsreisende mit seinen schwer beladenen Schlitten hinüber muß. Dann der oft fürchterliche Sturm, der die Gewalt eines Wassersturzes hat, und gegen den er zeitweilig anzukämpfen hat. Da sind weiter die schon beschriebenen offenen „Gassen", die er auf dem Hinwege wie auf der Rückfahrt irgendwie überqueren muß. Dann gehört dazu die große Kälte (zuweilen 50 Grad Celsius unter Null), vor der er sein Fleisch durch Pelzkleider und ständige Bewegung gegen das Erfrieren schützen muß, und ferner die Schwierigkeit, über die rauhen und von „Gassen" durchbrochenen Grate hinweg genug Pemmikan, Zwieback, Tee, kondensierte Milch und flüssiges Brennmaterial zu schleppen, um seinen Körper bei genügender Kraft zum Marschieren zu erhalten. Bei dieser letzten Reise war es einen großen Teil der Zeit so kalt, daß der Spiritus fest gefroren und das Petroleum weiß und zäh war; die Hunde konnte man fast nicht sehen, weil ihr Atem sie wie Wolken einhüllte. Die kleine Unbequemlichkeit, jede Nacht unser enges und unbequemes Schneehaus bauen zu müssen, und das harte und kalte Bett von solch einem Iglu, auf dem wir einige Ruhestunden verbringen konnten, die uns die Erfordernisse unseres verzweifelten Unternehmens übrig ließen: – sie sind kaum zu nennen im Vergleich zu den Schwierigkeiten der Hauptaufgabe selbst.

Wir sind oft ganze Tage lang gegen einen blindmachenden Schneesturm angegangen, wobei der kalte Wind in jedes Löchlein unserer Kleidung hineinblies. Wer von meinen Lesern einmal nur eine Stunde lang bei einer Temperatur von wenig unter dem Nullpunkt gegen einen Blitzard hat ankämpfen müssen, hat vielleicht bittere Erinnerungen an diese Erfahrung. Vielleicht erinnert er sich auch, wie willkommen am Ende seines Marsches der warme Ofen zu Hause war. Nun aber möge er sich vorstellen, daß man durch solch einen Sturm den ganzen Tag lang über rauhes und bergiges Eis bei einer Temperatur zwischen 25 und 35 Grad Celsius unter dem Gefrierpunkt hindurchstapft und dabei keinen Schutz hat, auf den man sich am Ende des Tagesmarsches freuen könnte, außer einem engen und kalten Schneehause, das man sich in eben diesem Sturme selbst erst bauen muß, ehe man essen oder ausruhen kann.

Man hat mich oft gefragt, ob wir an solch einem Tage hungrig waren. Ich weiß wirklich nicht, ob es der Fall war. Früh und abends hatten wir Pemmikan, Zwieback und Tee, und die Pionierabteilung, die an der Spitze marschierte, hatte Tee und Frühstück in der Mitte des Tagesmarsches. Hätten wir mehr gegessen, so würden unsere Eßvorräte nicht gereicht haben. Ich selbst nahm in der Zeit zwischen meinem Abmarsch vom Lande und meiner Rückkehr zum Schiff um 13 1/2 Kilogramm ab.

Aber Mut und Ausdauer allein würden nicht genügen, um jemand an den Nordpol zu bringen. Nur wenn jahrelange Erfahrungen im Bereisen dieser Gegenden vorliegen, nur wenn eine große, ebenso erfahrene Expedition Hilfe leistet, nur wenn die Kenntnis aller arktischen Einzelheiten vorliegt und eine Ausrüstung vorhanden ist, die den Führer und seine Expedition gegen alle und jede Möglichkeiten sichert: nur in diesem Falle ist es möglich, daß ein Forschungsreisender das lange gesuchte Ziel erreicht – und wieder zurückkehrt.

Der Morgen des elften März war klar und ruhig, und die Temperatur betrug 40 Grad Celsius unter Null. Dies bedeutete, daß alles offene Wasser überfroren war. Wir machten uns früh auf den Weg, und ich ließ in diesem Lager in meinem Iglu folgenden Brief für Marvin zurück:

Viertes Lager, 11. März 1909.
Habe hier sechs Tage gewartet. Kann nicht länger warten. Wir sind knapp mit Brennstoff. Stoßen Sie mit größtmöglicher Eile vor und suchen Sie uns einzuholen. Werde in jedem Lager Nachricht zurücklassen. Wenn in unserer Nähe, nehmen Sie leichten Schlitten und beherzigen obige Nachricht, um uns einzuholen.

Denke Doktor und Eskimo, drei bis fünf Tagesmärsche von hier zurück zu senden. Er sollte mit Ihnen zusammentreffen und Ihnen Nachrichten bringen. Wir gehen direkt über diese „Gasse". Richtung Ost-Südost. Während sieben Tagen keine seitliche Bewegung des Eises. Nur auf und zu. Lagern Sie hier nicht! Überqueren Sie die „Gasse". Füttern Sie volle Rationen und treiben Sie Ihre Hunde zur Eile.

Es ist Lebensfrage, daß Sie uns einholen und uns Brennstoff bringen.

Abmarsch abends neun Uhr, Donnerstag, den 11. März.
Peary
P.S. Falls Sie zu spät kommen, um uns folgen zu können, habe den Kapitän ersucht; nehmen Sie aus Ihren Ladungen allgemeines Material.

Ohne Schwierigkeiten überschritten wir die „Gasse" und machten einen hübschen Marsch von nicht weniger als 22 Kilometer. An diesem Tage kamen wir über sieben „Gassen", die alle zwischen 800 und 1500 Meter breit waren, alle bedeckt mit gerade tragfähigem jungen Eise. Jetzt waren alle verschiedenen Abteilungen mit Einschluß der von Bartlett auf dem Marsche.

An diesem Tag überschritten wir den 84. Breitengrad. In der Nacht brach mit der Bewegung des Flutstroms das Eis wieder. Da aber unsere Iglus auf einem schweren Eisfeld standen, welches aller Wahrscheinlichkeit nach nicht selbst entzwei gehen würde, da das meiste Eis rund herum jung und dünn war, so hielt mich der Lärm nicht vom Schlafen ab.

Am Morgen war es immer noch klar, und die Temperatur war bis auf 43 Grad Celsius herunter. Wieder machten wir einen schönen Marsch von nicht weniger als 22 Kilometer. Wir überschritten in der ersten Hälfte zahlreiche Spalten und schmale „Gassen", und in der zweiten Hälfte zogen wir auf einer ununterbrochenen Reihe von alten Eisfeldern dahin. Ich gewann die Überzeugung, daß dieser Gürtel von zahlreichen „Gassen", über die wir in den letzten zwei Tagemärschen hinüber mußten, die „Große Gasse" war, und war überzeugt, daß wir nun sicher hinüber waren.

Wir hofften, Marvin und Borup würden mit ihren Leuten und dem so dringend nötigen Ersatz von Feuerungsmaterial über die „Große Gasse" hinüberkommen, ehe sich stärkerer Wind aufmachte; denn sechs Stunden einer guten frischen Brise würden unsere Wegspur bedenklich zerreißen, da sich das Eis ja bewegte. Und ihr Suchen nach uns in der weiten Wüste jener weißen Welt würde gewesen sein wie das sprichwörtliche Suchen nach einer Nadel im Heuhaufen.

Der folgende Marsch am 13. März war bemerkenswert frisch. Als wir aufbrachen, stand das Thermometer 47° Celsius unter Null; die größte Kälte während der Nacht war 48° Celsius, und als die Abenddämmerung herankam, war es bis auf 50° Celsius unter Null gefallen. Bei dem hellen Sonnenschein zu Mittag, und da kein Wind wehte, litten wir in unseren Pelzkleidern nicht unter der Kälte. Freilich der Spiritus war festgefroren, das Petroleum weiß und gallertartig, und wenn die Hunde dahintrabten, so waren sie in eine von ihrem eigenen Hauche gebildete weiße Wolke gehüllt.

Ich ging jetzt an der Spitze meiner Abteilung, und wenn ich rückwärts blickte, so sah ich weder Männer noch Hunde, sondern nach Süden zu eine niedrig liegende Nebelbank, die in den horizontal fallenden Strahlen der dahinterstehenden Sonne wie Silber glänzte. Dieser Nebel war der Hauch der Hundegespanne und der Männer.

Vom Anfang abgesehen, wo wir etwa neun Kilometer lang im Zickzack durch einen Gürtel recht rauhen Eises hindurchzogen, ging es sich recht gut. Die bezwungene Entfernung war wieder wenigstens 22 Kilometer. Unser Lager stand in dieser Nacht auf einem großen alten Eisfeld im Windschutz eines riesigen Blocks von Eis und Schnee.

Gerade als wir mit dem Bau unserer Iglus fertig waren, schrie einer der Eskimo, der auf der Spitze dieses Eisblocks stand, aufgeregt:

„Kling mik sju!" (Die Hunde kommen.)

In einem Augenblick war ich auf dem Eisblock neben dem Eskimo. Nach Süden ausschauend, konnte ich weit in der Ferne eine kleine Bank von silberweißem Nebel erblicken, die über unserem Wege lag. Ja, das waren sicher die Hunde! Ein wenig später stürmte Sieglu vor Borups Abteilung auf einem leichten, von acht Hunden gezogenen Schlitten heran. Er brachte einen Brief von Marvin mit der willkommenen Nachricht, er, Borup und ihre Leute hätten die vorige Nacht in unserem zweitletzten Lager geschlafen, heute würden sie in unserem letzten Lager übernachten, und am folgenden Tage würden sie uns einholen. Unser Nachtrab mit seinen kostbaren Ladungen von Öl und Spiritus war also über die „Große Gasse" hinüber! Ich hatte wirklich nicht gewagt, über die Möglichkeit nachzudenken, daß sie uns nicht einholen würden.

Diese Nacht schlief ich, da mein Gemüt sich wieder beruhigt hatte, wie ein Kind.

Jack London

Wolfsblut

Das Hungergeheul

Der Tag begann vielversprechend. Sie hatten über Nacht keine Hunde verloren, und beim Aufbruch zur Fahrt hinaus in die Stille, die Dunkelheit und die Kälte waren sie recht guter Dinge. Bill schien seine bösen Ahnungen vom Vorabend vergessen zu haben und alberte sogar mit den Hunden herum, bevor sie um die Mittagszeit auf einem schlechten Wegstück den Schlitten umwarfen.

Es war ein heilloses Durcheinander. Der Schlitten hatte sich umgekehrt zwischen einem Baumstumpf und einem großen Felsblock verkeilt, und sie mußten die Hunde ausspannen, um die verknäulten Riemen wieder zu sortieren. Die beiden Männer hatten sich über den Schlitten gebeugt und versuchten, ihn frei zu bekommen; da bemerkte Henry, wie sich Einohr davonschlich.

„He, Einohr!" schrie er, richtete sich auf und wollte den Hund zurückholen.

Der aber begann, über den Schnee davonzulaufen, wobei er das Geschirr nachschleifte. Weiter hinten in ihrer Spur erwartete ihn die Wölfin. Beim Näherkommen wurde er plötzlich vorsichtig. Er verlangsamte seine Schritte, bis sie zu einem wachsamen Trippeln wurden, und blieb dann endgültig stehen. Er beobachtete sie sorgfältig, mit einer Mischung aus Mißtrauen und Verlangen. Sie schien ihm zuzulächeln, zeigte die Zähne eher lockend als drohend. Sie machte ein paar spielerische Schritte auf ihn zu und hielt dann inne. Einohr näherte sich ihr, immer noch auf der Hut und vorsichtig, Schwanz und Ohren aufgestellt, den Kopf hocherhoben.

Er versuchte, ihre Schnauze zu beschnüffeln, doch sie wich verschüchtert und verspielt zurück. Jede Annäherung seinerseits beantwortete sie mit einem entsprechenden Rückzug. Schritt für Schritt lockte sie ihn aus der sicheren Obhut seiner menschlichen Begleiter fort. Als sei ihm eine flüchtige Warnung durch den Kopf geschossen, wendete er sich einmal um und warf einen Blick auf den umgestürzten Schlitten, die Teamgefährten und die beiden Männer, die nach ihm riefen.

Welche Einsicht ihm dabei auch immer dämmerte, die Wölfin ließ ihn alles sofort wieder vergessen, indem sie näher kam, sekundenlang seine Nase berührte und seine erneuten Avancen wie zuvor mit scheuen Rückzügen beantwortete.

Inzwischen hatte sich Bill auf sein Gewehr besonnen. Es war jedoch unter dem umgeworfenen Schlitten eingeklemmt, und bis er mit Henrys Hilfe die Ladung aufgerichtet hatte, waren Einohr und die Wölfin zu weit entfernt und standen außerdem zu dicht beieinander, als daß man einen Schuß hätte riskieren können.

Einohr begriff seinen Fehler zu spät. Bevor sie den Grund dafür erkennen konnten, beobachteten die Männer, wie er kehrtmachte und anfing, zu ihnen zurückzulaufen. Dann erst sahen sie im rechten Winkel zum Trail ein Dutzend grauer, magerer Wölfe über den Schnee heranjagen, die ihm den Rückweg abschnitten. Im gleichen Augenblick legte die Wölfin ihr neckisches Gehabe ab. Mit einem wilden Knurren sprang sie Einohr an. Er wehrte sie mit der Schulter ab. Da ihm der Rückweg abgeschnitten war, er aber trotzdem zum Schlitten zurückwollte, änderte er die Richtung, um im Bogen zu ihnen zu gelangen. Mit jeder Sekunde tauchten neue Wölfe auf und beteiligten sich an der Hetzjagd. Die Wölfin war ihm dicht auf den Fersen; es gelang ihm nicht, sie abzuschütteln.

„Wo willst du hin?" fragte Henry plötzlich und legte seinem Partner die Hand auf den Arm.

Bill schüttelte sie ab. „Ich laß mir das nicht bieten", sagte er. „Die werden nicht noch einen von meinen Hunden kriegen, wenn ich was daran ändern kann."

Mit dem Gewehr in der Hand stürmte er in das Unterholz, das den Trail auf beiden Seiten säumte. Seine Absicht war unverkennbar. Der Schlitten stellte den Mittelpunkt des Kreises dar, den Einohr beschrieb, und Bill wollte ihn an einer Stelle queren, wo er die Meute voraussichtlich abfangen konnte. Mit dem Gewehr bewaffnet und im hellen Tageslicht würde es ihm vielleicht gelingen, die Wölfe abzuschrecken und den Hund zu retten.

„He, Bill!" rief Henry ihm nach. „Paß gut auf dich auf. Riskier nichts!"

Er setzte sich auf den Schlitten und sah zu. Etwas anderes konnte er nicht tun. Bill war seinen Blicken bereits entschwunden; von Zeit zu Zeit aber tauchte Einohr zwischen dem Unterholz und verstreuten Baumgruppen auf, um gleich wieder zu verschwinden. Henry hielt seine Lage für hoffnungslos. Der Hund war sich der Gefahr zwar voll bewußt, doch er beschrieb den äußeren Kreis, während das Wolfsrudel auf dem inneren, kürzeren Bogen lief. Es war abwegig zu glauben, Einohr könne einen solchen Vorsprung gegenüber den Verfolgern herausholen, daß er sie auf ihrer Innenbahn überholt und so den Schlitten erreicht hätte.

Die verschiedenen Linien näherten sich rasch ihrem Schnittpunkt. Irgendwo da draußen im Schnee, seinen Blicken durch Bäume und Dickicht entzogen, trafen das Wolfsrudel, Einohr und Bill aufeinander, das war Henry klar. Allzu schnell, viel schneller als er erwartet hatte, geschah es. Ein Schuß fiel, dann rasch nacheinander zwei weitere, und er wußte, daß Bills Munition verbraucht war. Dann hörte er ein mörderisches Knurren und Kläffen. Er erkannte Einohr, der vor Schmerz und Schrecken aufschrie, und das Geheul eines sterbenden Wolfs. Das war alles. Das wütende Knurren hatte aufgehört. Das Jaulen verstummte. Über das einsame Land senkte sich wieder das Schweigen.

Eine lange Zeit blieb er auf dem Schlitten sitzen. Er brauchte nicht hinzugehen, um nachzusehen, was geschehen war. Er wußte es so genau, als hätte es sich vor seinen Augen zugetragen. Einmal schreckte er hoch und zog hastig die Axt unter den Packschnüren hervor, doch blieb er danach noch länger sitzen und grübelte vor sich hin, während die zwei Hunde sich zitternd um seine Füße drängten.

Schließlich richtete er sich müde auf, als sei alle Widerstandskraft aus seinem Körper gewichen, und begann, die Hunde vor den Schlitten zu spannen. Auch sich selbst legte er einen Riemen um die Schulter, ein Menschengeschirr, und dann zog er den Schlitten gemeinsam mit den Hunden. Weit fuhren sie nicht. Bei den ersten Anzeichen der Dunkelheit beeilte er sich, ein Lager aufzuschlagen, und achtete darauf, daß reichlich Brennholz zur Verfügung stand. Er fütterte die Hunde, kochte seine eigene Mahlzeit, verzehrte sie und richtete sich seine Schlafstatt dicht am Feuer.

Ruhe war ihm dort allerdings nicht vergönnt. Bevor er die Augen geschlossen hatte, waren die Wölfe gefährlich nahegerückt. Man mußte sich nicht mehr anstrengen, um sie zu sehen. Den engen Kreis der Leiber konnte er im Flammenschein ohne Schwierigkeiten erkennen; sie lagen oder saßen da, krochen bäuchlings ein Stück voran, pirschten vor, wichen zurück, und alles in voller Beleuchtung. Sie schliefen sogar. Hier und da erblickte er einen Wolf, der sich im Schnee zusammengerollt hatte wie ein Hund, um sich der Schlaf zu holen, der ihm selbst verwehrt blieb.

Er unterhielt ein loderndes Feuer, weil er sich bewußt war, daß zwischen seinem lebendigen Fleisch und ihren Fängen nur die Flammen standen. Seine beiden Hunde drängten sich schutzsuchend an ihn, jeder auf einer Seite; sie jaulten und winselten, und manchmal, wenn ein Wolf noch etwas näherrückte, fauchten sie in verzweifelter Angst. In solchen Momenten ging eine Welle der Erregung durch den ganzen Kreis, die Wölfe richteten sich auf, näherten sich zögernd, und alles um ihn herum knurrte und jaulte in fiebriger Gier. Dann kehrte wieder Ruhe ein, und hier und da setzte ein Wolf sein unterbrochenes Nikkerchen fort.

Dennoch hatte der Ring die Tendenz, sich zusehends enger um ihn zu schließen. Stück für Stück, zentimeterweise, robbte einmal hier, dann dort ein Wolf nach vorn, und der Kreis kam ihm dabei so nah, daß die Tiere ihn fast mit einem Satz erreichen konnten. Dann griff er nach brennenden Scheiten und schleuderte sie in die Meute. Das führte regelmäßig zu einem hastigen Rückzug, den immer dann wütendes Jaulen und erschrecktes Knurren begleitete, wenn ein wohlgezieltes Wurfgeschoß ein allzu vorwitziges Tier getroffen und versengt hatte.

Am Morgen war der Mann übernächtigt und abgespannt, und der Schlafmangel hatte ihm tiefe Schatten unter die Augen gegraben. Er machte sich sein Frühstück im Dunkeln. Um neun Uhr, als es hell wurde, zog sich das Rudel weiter zurück, und er nahm die Aufgabe in Angriff, die er sich in den langen Nachtstunden ausgedacht hatte. Er fällte ein paar junge Bäumchen und fertigte daraus ein Gerüst, das er mit Riemen oben an ausgewachsenen Bäumen befestigte. Die Packriemen benutzte er als Zugseil, um anschließend mit Hilfe der Hunde den Sarg auf das Gerüst hinaufzuziehen.

73

„Bill haben sie erwischt, und mich kriegen sie vielleicht auch noch, aber an dich werden sie bestimmt nicht drankommen, junger Mann", sagte er, an die Leiche in ihrem Baumgrab gerichtet.

Dann machte er sich auf den Weg; der von seiner Last befreite Schlitten rumpelte hinter den Hunden her, die ihn nur allzu willig zogen, weil sie wußten, daß sie sich nur in Sicherheit bringen konnten, wenn sie Fort McGurry erreichten. Die Wölfe machten inzwischen kein Geheimnis mehr aus ihrer Verfolgung; sie trabten ihnen gelassen hinterher, nach beiden Seiten ausgefächert und mit heraushängenden roten Zungen, und bei jedem Schritt sah er die wellenförmige Bewegung ihrer Rippen unter den mageren Flanken. Sie waren völlig ausgemergelt, bloß Hautsäcke, die sich über ein Knochengerüst spannten, mit Sehnen statt der Muskelstränge – so mager, daß Henry sich ernstlich fragte, wieso sie sich überhaupt noch auf den Beinen halten konnten und nicht auf der Stelle im Schnee zusammenbrachen.

Er wagte es nicht, bis zum Einbruch der Dunkelheit weiterzufahren. Mittags warf die Sonne nicht bloß einen warmen Glanz über den südlichen Himmel, sondern schob sogar ihren oberen Rand blaß und golden über den Horizont. Er nahm es als Zeichen. Die Tage wurden länger. Die Sonne kehrte zurück. Doch kaum war das heitere Licht verschwunden, da suchte er sich schon den Lagerplatz. Einige Stunden lang standen das graue Licht des Tages und das düstere Zwielicht der Dämmerung ihm noch zur Verfügung, und er nutzte die Zeit, um einen enormen Vorrat an Brennholz zu schlagen.

Mit der Nacht kam die Angst. Die ausgehungerten Wölfe wurden nicht nur zudringlicher, sondern allmählich machte sich Henrys Mangel an Schlaf bemerkbar. Er hockte am Feuer, die Decke um die Schultern, die Axt zwischen den Beinen, auf jeder Seite einen Hund, der sich an ihn drängte, und schlummerte ein, ohne es zu wollen. Einmal wachte er auf und sah vor sich, kaum dreieinhalb Meter entfernt, einen großen grauen Wolf, einen der größten im Rudel. Und noch während er hinsah, streckte sich das Tier ganz bewußt wie ein fauler Hund, gähnte ihm geradewegs ins Gesicht und betrachtete ihn mit einem besitzergreifenden Blick, als ob er eigentlich nur eine aufgeschobene Mahlzeit darstelle, für die nun bald der richtige Moment gekommen sei.

Das ganze Rudel legte die gleiche Selbstgewißheit an den Tag. Zwanzig Stück zählte er, die ihn hungrig anstarrten oder ruhig im Schnee schliefen. Sie erinnerten ihn an Kinder, die am gedeckten Tisch auf die Erlaubnis zum Anfangen warten. Und er war die Mahlzeit, die ihnen serviert werden sollte! Er fragte sich, wie und wann das Mahl beginnen würde.

Während er Holz nachlegte, wurde ihm eine nie gekannte Hochachtung bewußt, die er auf einmal für seinen Körper hegte. Er beobachtete die Bewegung seiner Muskeln und registrierte mit Interesse den raffinierten Mechanismus seiner Finger. Im Licht der Flammen krümmte er sie langsam und immer wieder, wobei er einmal nur einen, dann alle gleichzeitig bog, die Finger weit auseinanderspreizte oder rasche Greifbewegungen vollführte. Er untersuchte das Aussehen der Fingernägel, drückte sie erst fest, dann ganz sacht in die Fingerkuppen und überprüfte die dabei entstehenden Nervenreize. Es faszinierte ihn, und er spürte plötzlich große Zuneigung zu seinem hochempfindlichen Körper aus Fleisch und Blut, in dem alles so wunderbar glatt und fein zusammenwirkte. Dann warf er einen furchtsamen Blick auf den erwartungsvollen Kreis von Wölfen um sich herum, und wie ein Blitz durchfuhr ihn die Erkenntnis, daß dieser herrliche Körper, dieses lebendige Fleisch bloß eine Beute war, der heißhungrige Raubtiere nachstellten, Fleisch, das sie mit ihren Fangzähnen aufschlitzen und zerreißen würden und das ihrer Ernährung in derselben Weise diente wie sonst die Elche oder Hasen.

Er erwachte aus einem alptraumartigen Schlummer und sah vor sich den rotschimmernden Pelz der Wölfin. Sie saß keine zwei Meter von ihm entfernt im Schnee und starrte ihn mit sehnsüchtigem Verlangen an. Die beiden Hunde zu seinen Füßen winselten und knurrten, aber sie nahm keine Notiz von ihnen. Sie schaute den Mann an, und eine Zeitlang erwiderte er ihren Blick. Sie wirkte keineswegs bedrohlich. Sie betrachtete ihn einfach mit großer Begehrlichkeit, doch er wußte, daß sie einem ebenso großen Hunger entsprang. Er war Nahrung, und sein Anblick erregte ihre Geschmacksnerven. Ihre Schnauze öffnete sich, der Speichel tröpfelte heraus, und sie leckte sich die Lefzen in genießerischer Vorfreude.

Jäh überkam ihn die Angst. Hastig griff er nach einem glühenden Scheit, um es nach ihr zu schleudern. Aber noch während er die Hand ausstreckte und bevor seine Finger sich um das Wurfgeschoß gekrümmt hatten, brachte sie sich mit einem Sprung in Sicherheit. Damit wußte er, daß sie an Wurfgeschosse gewöhnt war. Im Zurückspringen hatte sie geknurrt und dabei ihre weißen Fänge bis zur Wurzel freigelegt, so daß alles sehnsüchtige Verlangen verschwunden und an seine Stelle eine raubgierige Bösartigkeit getreten war, die ihn schaudern machte. Sein Auge fiel auf das Scheit in seiner Hand, und er nahm das komplizierte Zusammenspiel der Finger wahr, die es umklammert hielten – wie sie sich der unebenen Oberfläche anpaßten, über, unter und auf dem rauhen Holz Halt fanden und wie der eine kleine Finger, weil er dem glühenden Teil des Scheits zu nahe kam, feinfühlig und ganz automatisch vor der schmerzenden Hitze zurückschreckte und sich einen kühleren Angriffspunkt suchte. Mit seinem inneren Auge aber sah er gleichzeitig, wie eben diese hochempfindlichen, feinbeweglichen Glieder zwischen den weißen Zähnen der Wölfin auseinandergerissen und zermalmt wurden. Nie hatte er seinen eigenen Körper so gemocht wie jetzt, da er möglicherweise von ihm Abschied nehmen mußte.

Die ganze Nacht über hielt er das hungrige Rudel mit glühenden Holzstücken fern. Wenn er wider Willen einnickte, weckte ihn das Winseln und Knurren der Hunde. Der Morgen kam, doch zum ersten Mal vertrieb das Tageslicht die Wölfe nicht. Vergeblich wartete der Mann auf ihren Rückzug. Sie hielten den Ring um ihn und das Feuer geschlossen und demonstrierten soviel besitzergreifende Arroganz, daß sie seinen mit dem Morgen wiedererwachten Mut erschütterten.

Er unternahm einen verzweifelten Versuch, hinaus auf den Trail zu gelangen. Sobald er jedoch den Schutz des Feuers verlassen hatte, machte der kühnste Wolf einen Satz auf ihn zu, zielte aber zu kurz. Er brachte sich durch einen Sprung zurück in Sicherheit, so daß die Zähne gerade zehn Zentimeter vor seinem Oberschenkel zusammenschlugen. Die übrigen Tiere des Rudels sprangen nun hoch und stürzten sich auf ihn, und er mußte brennende Scheite nach links und rechts schleudern, um sie in respektvolle Entfernung zurückzutreiben.

Selbst im Tageslicht wagte er nicht, das Feuer zu verlassen, um frisches Brennholz zu schlagen. In sieben Meter Entfernung stand eine mächtige abgestorbene Tanne. Er verbrachte den halben Tag damit, das Feuer zu diesem Baum hin zu verlagern, wobei er immer ein halbes Dutzend Scheite bereithielt, die er auf seine Feinde schleudern konnte. Als er endlich dort angelangt war, überprüfte er gründlich den umgebenden Wald, um die Tanne in die Richtung zu fällen, in der das meiste Brennholz zu finden war.

Die Nacht war eine Wiederholung der vorausgehenden, nur daß inzwischen sein Schlafbedürfnis übermächtig wurde. Das Knurren der Hunde verlor seine Wirksamkeit. Außerdem knurrten sie ununterbrochen, und seine abgestumpften und schlaftrunkenen Sinne registrierten den Wechsel von Tonhöhe und Intensität nicht mehr. Er schreckte aus dem Schlaf. Die Wölfin war auf weniger als einen Meter herangerückt. Auf die kurze Distanz drückte er ihr reflexhaft ein glühendes Scheit mitten in den offenen, fauchenden Rachen, ohne das Holz loszulassen. Sie sprang vor Schmerz aufjaulend zurück; er genoß den Geruch nach verbranntem Fleisch und versengtem Pelz, während er zusah, wie sie in fast zehn Metern Entfernung den Kopf hin- und herwarf und wutentbrannt knurrte.

Diesmal allerdings band er einen brennenden Tannenzapfen an die rechte Hand, bevor ihm erneut die Lider zufielen. Seine Augen schlossen sich immer nur wenige Minuten lang, bis sich die Flamme zu seiner Hand vorgefressen hatte und ihn weckte. An dieses Verfahren hielt er sich über mehrere Stunden. Jedesmal, wenn er so geweckt wurde, vertrieb er die Wölfe mit brennenden Scheiten, legte frisches Holz auf das Feuer und befestigte einen neuen Zapfen an seiner Hand. Alles funktionierte wunderbar, bis er sich das Holzstück einmal zu lose angebunden hatte. Als er einnickte, fiel es herunter.

Er träumte. Ihm war, als sei er in Fort McGurry. Behagliche Wärme umgab ihn. Er spielte Cribbage mit dem Verwalter. Er hatte auch den Eindruck, das Fort werde von Wölfen belagert. Sie heulten direkt vor den Toren, und manchmal unterbrachen die Männer ihr Spiel, um zu horchen. Sie lachten über die vergeblichen Versuche der Wölfe, sich Einlaß zu verschaffen. Und dann – der Traum war in der Tat merkwürdig – gab es einen Krach. Eine Tür sprang auf. Er sah, wie die Wölfe in den geräumigen Wohnraum des Forts strömten. Sie sprangen geradewegs auf ihn und den Verwalter los. Seit sie die Tür aufgebrochen hatten, war ihr Heulen unglaublich laut geworden. Es beunruhigte ihn jetzt. Sein Traum verwandelte sich irgendwie – er wußte nicht, in was; doch durch alles hindurch drang dieses Heulen.

Und dann erwachte er und stellte fest, daß das Heulen Wirklichkeit war. Ein entsetzliches Knurren und Jaulen umgab ihn. Die Wölfe griffen ihn an. Von überall gingen sie auf ihn los. Einer hatte sich in seinen Arm verbissen. Instinktiv sprang er ins Feuer, und noch im Sprung spürte er scharfe Zähne, die sich in sein Bein bohrten. Jetzt begann eine Feuerschlacht. Die dicken Fäustlinge schützten einstweilen seine Hände, und er schaufelte die Glut in alle Richtungen, bis das Feuer einem wahren Vulkan glich.

Lange allerdings konnte es nicht so weitergehen. Brandblasen bildeten sich in seinem Gesicht, Augenbrauen und Lider waren versengt, und die Hitze an den Füßen wurde unerträglich. Mit einem Feuerbrand in jeder Hand sprang er aus dem Feuer heraus. Er hatte die Wölfe vertrieben. Überall zischte Glut im Schnee, und immer wieder sprang ein Wolf auf dem Rückzug plötzlich hoch, und sein Fauchen und Jaulen dabei verrieten, daß er auf ein solches Stück Glut getreten war.

Der Mann schleuderte die beiden Scheite auf die Tiere, die ihm am nächsten waren, warf dann seine schwelenden Fäustlinge in den Schnee und stampfte mit den Füßen auf, um sie zu kühlen. Seine beiden Hunde waren nicht mehr da, und er wußte wohl, daß sie einen weiteren Gang in der ausgedehnten Mahlzeit abgegeben hatten, die mehrere Tage zuvor mit Mops angefangen hatte und deren letzten Gang an einem der nächsten Tage voraussichtlich er selbst darstellen würde.

„Noch habt ihr mich nicht!" schrie er und drohte den hungrigen Wölfen in wildem Zorn mit der Faust. Beim Klang seiner Stimme geriet der ganze Kreis in Unruhe, ein allgemeines Knurren erhob sich, und die Wölfin pirschte sich durch den Schnee an ihn heran, um ihn mit hungriger Sehnsucht zu beäugen.

Er machte sich daran, eine Idee in die Tat umzusetzen, die ihm inzwischen gekommen war. Er erweiterte das Feuer zu einem großen Kreis, in dessen Mitte er sich niederhockte. Sein Schlafzeug schützte ihn dabei gegen die Nässe des schmelzenden Schnees. Als er so hinter den lodernden Flammen verschwand, rückte das ganze Rudel bis an den Rand des Feuers vor, um herauszufinden, was aus ihm geworden war. Bisher hatten sie keinen Zugang zum Feuer gehabt; nun schlossen sie sich wie Hunde zu einem engen Kreis zusammen, blinzelten, gähnten und streckten ihre mageren Leiber in der ungewohnten Wärme. Dann setzte sich die Wölfin auf, hob die Schnauze zum Himmel und begann zu heulen. Die übrigen Wölfe schlossen sich einer nach dem anderen an, bis das ganze Rudel auf den Hinterläufen saß und mit emporgereckter Schnauze sein Hungergeheul zum Himmel hinaufschickte.

Die Dämmerung kam, dann das Tageslicht. Das Feuer brannte herunter. Das Brennmaterial ging zur Neige, und der Mann mußte Nachschub besorgen. Er versuchte, aus dem Feuerring zu treten, doch die Wölfe drangen auf ihn ein. Brennende Scheite ließen sie nurmehr zur Seite springen, aber sie wichen nicht länger zurück. Alle Anstrengungen, sie fortzujagen, scheiterten. In dem Augenblick, als er resigniert in seinen Flammenring zurücktaumelte, setzte ein Wolf zum Sprung auf ihn an, verfehlte ihn und landete mit allen vieren in der Glut. Das Tier schrie vor Schreck auf, fletschte gleichzeitig wütend die Zähne und trat überstürzt den Rückzug an, um seine Pfoten im Schnee zu kühlen.

Der Mann kauerte sich auf seine Decken. Sein Oberkörper fiel nach vorn. Die schlaff herabhängenden Schultern und der auf den Knien liegende Kopf signalisierten, daß er den Kampf aufgegeben hatte. Hin und wieder hob er das Haupt, um zur Kenntnis zu nehmen, wie weit das Feuer schon heruntergebrannt war. Der Kreis aus Flammen und Glut löste sich in einzelne Segmente auf, zwischen denen Breschen entstanden. Die Breschen wurden größer, die brennenden Teilstücke kleiner.

„Von mir aus könnt ihr mich jetzt jederzeit holen", murmelte er. „Ich werd' jedenfalls schlafen."

Einmal wachte er auf und sah in einer Bresche direkt vor sich die Wölfin stehen, die ihre Augen auf ihn geheftet hatte.

Nur wenig später, wenn es ihm auch wie Stunden schien, erwachte er erneut. Eine geheimnisvolle Veränderung hatte sich vollzogen – so geheimnisvoll, daß er abrupt noch wacher wurde. Irgend etwas war geschehen. Zuerst begriff er es nicht. Dann fand er heraus, was es war. Die Wölfe waren verschwunden. Nur der zertrampelte Schnee zeigte noch, wie nah sie an ihn herangekommen waren. Das Schlafbedürfnis meldete sich wieder übermächtig, und der Kopf sank ihm auf die Knie, als ihn plötzlich etwas hochriß.

Man hörte Menschen rufen, Schlitten knirschen, Zuggeschirre quietschen und vorwärtsdrängende Hunde winseln. Vier Schlitten hielten vom Flußbett her auf das Lager unter den Bäumen zu. Ein halbes Dutzend Männer umringte die im Innern der verlöschenden Glut kauernde Gestalt.

Der Bund mit dem Menschen
Es war schon mitten im Dezember, als Grauer Biber aufbrach, um den Mackenzie stromaufwärts zu fahren. Mit-sah und Kloo-kooch begleiteten ihn. Einen Schlitten lenkte er selbst; er wurde von Hunden gezogen, die er im Tausch erworben oder ausgeliehen hatte. Mit-sah führte einen zweiten, kleineren Schlitten, mit einem Gespann junger Hunde. Es handelte sich dabei mehr um ein Spielzeug, und doch bedeutet es Mit-sahs ganzes Glück, denn er hatte das Gefühl, schon echte Männerarbeit zu leisten. Außerdem erfuhr er so, wie man Hunde antrieb und anlernte, während die jungen Hunde ans Geschirr gewöhnt wurden. Übrigens leistete der Schlitten durchaus seine Dienste, war er doch mit fast zweihundert Pfund an Ausrüstung und Nahrungsmitteln beladen.

Wolfsblut hatte bereits gesehen, wie sich die Hunde aus dem Dorf im Geschirr geplagt hatten, so daß er nicht besonders empört war, als man es ihm überstreifte. Um den Hals bekam er einen moosgepolsterten Kragen, der durch zwei Zugriemen mit einem Gurt verbunden war, der sich um Brust und Schultern legte. An diesem wiederum wurde das lange Seil festgemacht, mit dem er den Schlitten zog.

Das Gespann zählte sieben junge Hunde. Die anderen waren früher im Jahr zur Welt gekommen und jetzt neun oder zehn Monate alt; Wolfsblut war erst acht. Jeder Hund zog den Schlitten an einem eigenen Seil unterschiedlicher Länge, wobei die Differenz mindestens einer Körperlänge entsprach. Jedes Seil war mit einem Ring vorn am Schlitten verbunden. Der Schlitten hatte keine Kufen, sondern eine Lauffläche aus Birkenrinde, die man an der Spitze hochgebogen hatte, damit das Gefährt sich nicht in den Schnee bohrte. Durch diese Konstruktion verteilte sich das Gewicht des Schlittens und seiner Ladung auf die größtmögliche Schneeoberfläche; der Schnee war nämlich feinstes Pulver und ganz weich. Nach dem gleichen Prinzip größtmöglicher Gewichtsverteilung fächerten die Hunde am Ende ihres Seils so vor dem Schlitten aus, daß kein Hund in die Spur eines anderen trat.

Die fächerförmige Anordnung der Hunde hatte noch einen weiteren Vorteil. Die unterschiedlich langen Seile verhinderten, daß ein Hund von hinten den vor ihm laufenden angreifen konnte. Angriffe waren nur gegen Hunde an kürzeren Seilen möglich, also ausschließlich vor vorn, so daß das Opfer gewarnt war; außerdem mußte sich der Angreifer dann auf die Peitsche des Schlittenführers gefaßt machen. Der ganz besondere Vorteil dieses Systems bestand allerdings darin, daß ein Hund, der einen vorauslaufenden attackieren wollte, zu diesem Zweck den Schlitten schneller ziehen mußte, und je schneller er dabei wurde, desto schneller konnte auch der angegriffene Hund davonlaufen. Auf diese Weise war es für den hinten ziehenden Hund unmöglich, den vorderen einzuholen. Je schneller er lief, desto schneller lief der Verfolgte, und damit wurden alle Hunde schneller. Außerdem wurde auch der Schlitten schneller. Auf raffiniertem Umweg beherrschte so der Mensch die Tiere noch besser.

Mit-sah war seinem Vater ähnlich und hatte viel von dessen Lebensweisheit. Er hatte in der Vergangenheit beobachtet, wie Lip-lip Wolfsblut nachstellte. Zu dieser Zeit gehörte er jedoch einem anderen Herrn, und Mit-sah hatte nie mehr als einen gelegentlichen, verstohlenen Steinwurf riskiert. Jetzt aber war Lip-lip sein Hund, und er rächte sich an ihm, indem er ihn an das Ende des längsten Zugseils band. Damit machte er Lip-lip zum Leithund, was nur scheinbar eine Ehre war. In Wirklichkeit beraubte er ihn dadurch aller Ehren, denn nun konnte er die Meute nicht mehr tyrannisieren und beherrschen, sondern fand sich selbst in der Rolle des allseits verhaßten und verfolgten Hundes wieder.

Da er am längsten Seil angeschirrt war, bot er den Nachfolgenden ständig den Anblick eines Hundes auf der Flucht. Alles, was sie von ihm sahen, war sein buschiger Schwanz und die davonjagenden Hinterläufe – ein Anblick, der weit weniger grimmig und schreckenerregend war als ein gesträubtes Nackenfell und schimmernde Fänge. Außerdem sind Hunde so veranlagt, daß der Anblick eines davonlaufenden Tieres bei ihnen den Instinkt auslöst, es zu verfolgen, weil sie das Gefühl haben, es laufe vor ihnen davon.

Sobald sich der Schlitten in Bewegung setzte, begann eine Jagd auf Lip-lip, die den ganzen Tag über anhielt. Anfangs hatte er sich immer wieder zu seinen Verfolgern umgewandt, voller Zorn und um seine Würde zu wahren; dann zog Mit-sah ihm jedoch die neun Meter lange Peitschenschnur aus Karibudarm durchs Gesicht und zwang ihn, sich wieder nach vorn zu drehen und weiterzulaufen. Lip-lip konnte sich vielleicht der Meute entgegenstellen, nicht aber dieser Peitsche, so daß ihm nichts anderes übrigblieb, als das Seil stets straff gespannt zu halten und mit seinen Flanken nicht in die Reichweite der Zähne seiner Gefährten zu geraten.

Doch die Verschlagenheit, die in den hintersten Winkeln des indianischen Verstandes nistete, war noch größer. Um zur unaufhörlichen Verfolgung des Leithunds anzustacheln, zog Mit-sah ihn allen anderen Hunden vor. Diese Gunstbeweise förderten Eifersucht und Haß. Mit-sah gab Lip-lip vor ihren Augen Fleisch, und zwar ausschließlich ihm. Das machte sie rasend. Sie tobten dann gerade außerhalb der Reichweite seiner Peitsche, während Lip-lip unter dem Schutz seines Herrn das Fleisch verschlang. Wenn kein Fleisch vorhanden war, hielt Mit-sah das Gespann auf Distanz und fütterte ihn nur scheinbar.

Wolfsblut tat willig seine Pflicht. Bevor er sich der Herrschaft der Götter ausgeliefert hatte, hatte er einen weiteren Weg hinter sich gebracht als die anderen Hunde und gründlicher als sie gelernt, wie nutzlos es war, sich dem menschlichen Willen zu widersetzen. Ein zusätzlicher Faktor war die erbarmungslose Verfolgung durch die Meute; dadurch hatte sie bei ihm einen geringeren Stellenwert als der Mensch. Er war von der Gesellschaft seiner eigenen Art nicht abhängig geworden. Kiche hatte er fast völlig vergessen. So blieb ihm als einzige Ausdrucksmöglichkeit jene Ergebenheit, die er den Göttern entgegenbrachte, denen er sich unterworfen hatte. Aus diesem Grund arbeitete er hart, fügte sich der Disziplin und war gehorsam. Treue und Bereitwilligkeit kennzeichneten seine Arbeit. Es handelt sich dabei um charakteristische Merkmale des domestizierten Wolfs und Wildhunds, und Wolfsblut besaß sie in ungewöhnlichem Maß.

Zwischen ihm und den anderen Hunden gab es eine Form von Gemeinsamkeit, aber was sie zusammenführte, das war Krieg und Feindseligkeit. Er hatte nie gelernt, mit ihnen zu spielen. Er konnte nur kämpfen, und das tat er auch und vergalt ihnen hundertfach die Bisse und Wunden, die er in den Tagen hinnehmen mußte, als Lip-lip der Anführer der Meute war. Nun war er es nicht mehr – außer, wenn er am Ende seines Seils vor den Gefährten im Gespann davonlief, so daß der Schlitten polternd hinter ihnen herjagte. Im Lager hielt er sich in engster Umgebung von Mit-sah, Grauer Biber oder Kloo-kooch auf. Er wagte sich nicht aus der Nähe der Götter, denn jetzt zeigten ihm alle Hunde die Zähne, und er kostete bis zur Neige jene Verfolgung aus, deren Opfer einst Wolfsblut gewesen war.

Nach Lip-lips Sturz hätte Wolfsblut Anführer der Meute werden können. Doch dafür war er zu übellaunig und einzelgängerisch. Er verprügelte sie bloß, und im übrigen ignorierte er sie. Wenn er vorbeikam, gingen sie ihm aus dem Weg; auch der Mutigste unter ihnen wagte niemals, ihm seine Fleischration zu stehlen. Im Gegenteil, aus Angst, er könne ihnen ihren Anteil wegnehmen, schlangen sie ihn hastig hinunter. Wolfsblut kannte das Gesetz gut – *Unterdrücke die Schwachen, gehorche den Starken.* Er fraß seine Ration so schnell er konnte. Und dann wehe dem Hund, der noch nicht fertig war! Man hörte ein Knurren, Fänge schlugen zu, und das betreffende Tier heulte seine Empörung zu den tauben Sternen empor, während Wolfsblut die Mahlzeit an seiner Stelle beendete.

In unregelmäßigen Abständen probte der eine oder andere Hund den Aufstand und wurde prompt in seine Schranken verwiesen. So blieb Wolfsblut immer in der Übung. Er wahrte sorgfältig seine Stellung als Einzelgänger inmitten der Meute und kämpfte häufig, um sie zu erhalten. Doch die Kämpfe nahmen stets ein rasches Ende. Er war für die übrigen Hunde zu schnell. Sie bluteten aus tiefen Wunden, ehe sie überhaupt begriffen, wie ihnen geschah, und waren besiegt, fast noch ehe sie angefangen hatten, sich zu wehren.

So streng wie die von den Göttern auferlegte Disziplin im Gespann, so streng war auch die Disziplin, die Wolfsblut unter seinen Gefährten aufrechterhielt. Nicht die geringste Freiheit durften sie sich herausnehmen. Er erzwang sich unablässig Respekt. Untereinander konnten sie tun und lassen, was sie wollten. Das kümmerte ihn nicht. Daß sie ihn in seiner Isolation allein ließen, ihm den Weg freimachten, wenn es ihm einfiel, zwischen ihnen herumzuspazieren, daß sie seine Herrschaft zu jeder Zeit anerkannten –

das allerdings ging ihn etwas an. Wenn einer von ihnen einen herausfordernden Gang auch nur andeutete, die Lefzen hochzog oder das Fell sträubte, dann stürzte er sich auch schon auf ihn, erbarmungslos und grausam, und überzeugte ihn rasch von seinem Irrtum.

Er war ein schrecklicher Tyrann. Seine Herrschaft hielt sie in eisernen Fesseln. Die Schwachen unterdrückte er mit besonderer Härte. Nicht umsonst hatte er sich als junger Welpe einem gnadenlosen Überlebenskampf stellen müssen, als sich seine Mutter und er in der grausamen Welt der Wildnis allein behauptet und überlebt hatten. Und nicht umsonst hatte er gelernt, in der Gegenwart überlegener Gewalt leise aufzutreten. Er unterdrückte die Schwachen, doch er respektierte die Starken. Im Verlauf der langen Reise mit Grauer Biber hielt er sich in der Tat zurück, sobald er sich unter den ausgewachsenen Hunden bewegte, die sie in den Lagern der fremden Menschenwesen antrafen.

Monate vergingen. Die Reise von Grauer Biber war noch immer nicht zu Ende. Wolfsbluts Kräfte entwickelten sich durch die vielen Stunden harter Arbeit als Zugtier auf dem Trail. Man hätte sagen können, daß auch seine geistige Entwicklung so gut wie abgeschlossen war. Inzwischen kannte er die Umgebung, in der er lebte, von Grund auf. Sein Weltbild war trostlos und materialistisch. Er erlebte sein vertrautes Milieu als roh und brutal, als eine Welt ohne Wärme, in der kein Platz war für Liebkosung und Zuneigung und die strahlende Liebenswürdigkeit der Seele.

Er empfand keine Zuneigung für Grauer Biber. Gewiß, er war ein Gott, aber ein schrecklicher Gott. Wolfsblut erkannte seine Herrschaft gern an, doch sie beruhte auf überlegener Intelligenz und roher Gewalt. Es gab etwas in Wolfsbluts Natur, das diese Herrschaft wünschenswert erscheinen ließ, sonst wäre er nicht aus der Wildnis zurückgekehrt, wie er es getan hatte, um ihm seine Gefolgschaft anzubieten. In seinem Wesen gab es jedoch nie ausgelotete Tiefen. Ein freundliches Wort von Grauer Biber, eine streichelnde Hand hätten Zugänge eröffnet; doch Grauer Biber streichelte nicht und sprach auch kein freundliches Wort. Das war nicht seine Art. Seine Vorrangstellung war auf Gewalt gegründet, und so herrschte er auch, übte Gerechtigkeit mit dem Knüppel, strafte Vergehen mit einem schmerzhaften Hieb und belohnte Verdienst nicht mit Freundlichkeit, sondern indem er auf Hiebe verzichtete.

Daher ahnte Wolfsblut nichts von den Wonnen, die eine Menschenhand bereithalten konnte. Außerdem mochte er die Hände von Menschenwesen nicht. Sie flößten ihm Mißtrauen ein. Zwar teilten sie manchmal Fleisch aus, häufiger aber war ihre Wirkung schmerzhaft. Von Händen hielt man sich besser fern. Sie schleuderten Steine, schwangen Stöcke, Knüppel und Peitschen, teilten Schläge und Hiebe aus und hatten eine raffinierte Art, durch Zwicken, Verdrehen und Verrenken Schmerz zuzufügen. In fremden Dörfern hatte er Kinderhände kennengelernt und die Erfahrung gemacht, daß auch sie grausam zupackten. Ein winziges Indianerkind hatte ihm sogar fast ein Auge ausgekratzt. Er hatte sich deshalb zur Regel gemacht, alle Kinder mit Argwohn zu betrachten. Er ertrug sie nicht. Wenn sie sich mit ihren bedrohlichen Händen näherten, stand er auf und trollte sich.

In einem Dorf am Großen Sklavensee hatte einmal drohendes Übel von Menschenhand eine gereizte Reaktion seinerseits herausgefordert; anschließend hatte er das Gesetz modifiziert, das ihn Grauer Biber gelehrt hatte – daß es nämlich ein unverzeihliches Verbrechen sei, einen der Götter zu beißen. In diesem Dorf ging Wolfsblut wie alle Hunde in allen Dörfern auf Futtersuche. Ein Junge zerhackte mit einer Axt gefrorenes Elchfleisch; einzelne Splitter flogen in den Schnee. Wolfsblut blieb auf seiner Suche nach Fleisch stehen und begann, sie zu fressen. Er bemerkte, wie der Junge die Axt niederlegte und einen schweren Knüppel ergriff. Wolfsblut sprang gerade noch rechtzeitig zur Seite, um der niedersausenden Waffe zu entgehen. Der Junge verfolgte ihn, und weil er fremd im Dorf war, geriet Wolfsblut auf seiner Flucht in eine Sackgasse zwischen zwei Zelten, wo ein Erdwall den Weg nach hinten versperrte.

Es gab kein Entkommen. Der einzige Ausweg lag vor ihm, zwischen den beiden Zelten, und diesen bewachte der Junge. Den Knüppel zum Schlag erhoben, kam er auf sein in die Enge getriebenes Opfer zu. Wolfsblut war wütend. Er stellte sich dem Jungen knurrend und mit gesträubtem Fell entgegen; sein Gerechtigkeitssinn empörte sich. Er kannte die Regeln der Futtersuche. Aller Fleischabfall, wie diese gefrorenen Fleischsplitter, gehörten dem Hund, der sie entdeckte. Er hatte nichts Unrechtes getan, kein Gesetz gebrochen, und dennoch stand dort dieser Junge und war im Begriff, ihn zu verprügeln. Wolfsblut wurde kaum bewußt, was geschah. Er handelte in aufwallendem Zorn, und er handelte so schnell, daß auch der Junge nicht folgen konnte. Er bekam bloß mit, daß er auf unerklärliche Weise rückwärts in den Schnee geworfen wurde, während Wolfsbluts Zähne die Hand mit dem Knüppel aufgerissen hatten.

Allerdings wußte Wolfsblut, daß er gegen das Gesetz der Götter gehandelt hatte. Er hatte seine Zähne tief in das Fleisch eines der Ihren gebohrt und mußte sich nun auf eine fürchterliche Strafe gefaßt machen. Er floh zu Grauer Biber und verkroch sich hinter seine schützenden Beine, als der gebissene Junge und seine Familie herankamen, um Vergeltung zu fordern. Doch sie kehrten unverrichteter Dinge um. Grauer Biber verteidigte Wolfsblut. Mit-sah und Klookooch ebenfalls. Wolfsblut, der das Wortgefecht mit anhörte und dem zornigen Gestikulieren zusah, wußte, daß seine Tat gerechtfertigt war. Er lernte daraus, daß es Götter und Götter gab; seine Götter und andere, und zwischen ihnen bestanden Unterschiede. Er mußte alles aus den Händen seiner eigenen Götter empfangen, gleich ob es gerecht oder ungerecht war. Er war jedoch nicht verpflichtet, Unrecht von fremden Göttern hinzunehmen. Er hatte das Recht, sich mit den Zähnen dagegen zu verwahren. Auch das war ein Gesetz der Götter.

Bevor der Tag zu Ende ging, sollte Wolfsblut noch mehr über dieses Gesetz erfahren. Mit-sah, der allein im Wald Brennholz sammelte, traf auf den Jungen, den Wolfsblut gebissen hatte. Er befand sich in Gesellschaft anderer Jungen. Es kam zu einem Wortwechsel. Dann fielen sie alle über Mit-sah her. Es erging ihm übel. Von allen Seiten prasselten die Hiebe auf ihn ein. Zuerst sah Wolfsblut bloß zu. Das war eine Angelegenheit der Götter, die ihn nicht betraf. Dann wurde ihm bewußt, daß es Mit-sah war, einer seiner ganz besonderen, eigenen Götter, der dort mißhandelt wurde. Seine nun folgende Reaktion war keineswegs wohlüberlegt. In einem Anfall von rasender Wut sprang er mitten zwischen die Kampfhähne. Fünf Minuten später sah man die Jungen in alle Richtungen auseinanderstieben; viele von ihnen ließen Blutspuren im Schnee zurück, die davon zeugten, daß Wolfsbluts Zähne nicht müßig geblieben waren. Als Mit-sah die Geschichte im Lager erzählte, befahl Grauer Biber, man solle Wolfsblut Fleisch vorwerfen. Er bestand auf einer großen Portion; und Wolfsblut, der vollgestopft und schläfrig am Feuer lag, wußte, daß das Gesetz seine Bestätigung erfahren hatte.

Zu diesen Erfahrungen gehörte auch, daß er das Gesetz des Eigentums und die Pflicht, das Eigentum zu verteidigen, kennenlernte. Zwischen dem Schutz von Leib und Leben seiner Götter und dem Schutz ihres Eigentums lag ein Schritt, und diesen Schritt machte er. Was seinem Gott gehörte, mußte gegen die ganze Welt verteidigt werden – selbst wenn man dabei andere Götter biß. Ein solcher Akt war nicht nur seinem Wesen nach ein Sakrileg, sondern auch voller Gefahren. Die Götter waren allmächtig, und ein Hund war ihnen nicht gewachsen; nichtsdestotrotz lernte Wolfsblut, ihnen entgegenzutreten, grimmig und kämpferisch und ohne Furcht. die Pflicht war stärker als die Angst, und diebische Götter lernten rasch, das Eigentum von Grauer Biber nicht anzutasten.

Bald machte Wolfsblut eine weitere Erfahrung in diesem Zusammenhang. Ein diebischer Gott war meist ein feiger Gott, der gewöhnlich die Flucht ergriff, wenn Alarm geschlagen wurde. Er lernte auch, daß zwischen dem Alarm und dem Erscheinen von Grauer Biber, der ihm zu Hilfe eilte, nur kurze Zeit verstrich. Es wurde ihm klar, daß der Dieb nicht aus Angst vor ihm, sondern vor Grauer Biber das Weite suchte. Wolfsblut warnte nicht, indem er bellte. Er bellte nie. Seine Methode bestand darin, den Eindringling auf der Stelle anzugreifen und, wenn möglich, sofort zuzubeißen. Als übellauniger Einzelgänger, der mit den anderen Hunden nichts im Sinn hatte, war er außergewöhnlich gut dazu geeignet, das Eigentum seines Herrn zu bewachen. Grauer Biber förderte und schulte ihn darin. Das führte unter anderem dazu, daß Wolfsblut noch grimmiger, unbezähmbarer und einsamer wurde.

Die Monate verstrichen und knüpften die Bande zwischen Hund und Mensch noch enger. Es handelte sich um den uralten Bund zwischen den Menschen und dem ersten Wolf, der der Wildnis den Rücken kehrte. Wie alle Wölfe und Wildhunde vor ihm begriff auch Wolfsblut dieses Bündnis ganz von selbst. Die Bedingungen waren einfach. Um für sich einen Gott aus Fleisch und Blut zu finden, gab er seine Freiheit auf. Nahrung und Feuer, Schutz und Gesellschaft gehörten zu den Dingen, die er von diesem Gott erhielt. Im Gegenzug hütete er sein Eigentum, verteidigte Leib und Leben, arbeitete für ihn und gehorchte ihm.

Seine Treue zum Menschen war offenbar ein Gesetz seiner Natur, das irgendwie stärker wirkte als die Liebe zur Freiheit, zur eigenen Art und zur Familie.

Seite 86/87:
40 Schlittengespanne auf dem Weg nach Ilulissat.
Seite 88:
Schlittenhunde im Fächergespann.